Administração Hoteleira
Desafios e Tendências para o Século XXI

Administração Hoteleira
Desafios e Tendências para o Século XXI

Lecy Cirilo (Org.)
Adilson Rodrigues Camacho
Álvaro J. Souza
Carlos Dell'Aglio
Carlos Roberto Bernardo
Celso dos Santos Silva
Fátima Guardani
Franklin Assaly
Hamilton D'Angelo
Jonas Juliani Oliva
Jorge Ricca Junior
Marina Lindenberg Lima
Regina Laus

DVS Editora Ltda.
www.dvseditora.com.br

Administração Hoteleira: Desafios e Tendências para o Século XXI
Copyright © DVS Editora 2006

Todos os direitos para a língua portuguesa reservados pela editora.

Nenhuma parte desta publicação poderá ser reproduzida, guardada pelo sistema *retrieval* ou transmitida de qualquer modo ou por qualquer outro meio, seja este eletrônico, mecânico, de fotocópia, de gravação, ou outros, sem prévia autorização, por escrito, da editora

Produção Gráfica, Diagramação: ERJ Composição Editorial
Design da Capa: Spazio Publicidade e Propaganda
Foto Porto Madero: Cortesia de Dalton Buenos Aires

Dados Internacionais de Catalogação na Publicação (CIP)
(Câmara Brasileira do Livro, SP, Brasil)

```
Administração hoteleira : desafios e tendências
   para o século XXI / Lecy Cirilo (org.). —
   São Paulo : DVS Editora, 2006.

Vários autores
Bibliografia.
ISBN 85-88329-29-8

1. Educação profissional 2. Hotéis —
Administração 3. Turismo I. Cirilo, Lecy.
```

06-0180   CDD-647.94

Índices para catálogo sistemático:

1. Administração hoteleira   647.94
2. Hotéis : Administração   647.94
3. Hotelaria   647.94

Agradecimentos

Os autores agradecem à Diretoria Mantenedora da FAAP, em particular, o Professor Victor Mirshawka, pelo incentivo e apoio para a produção deste livro. Estas iniciativas tornam nossa participação um desafio constante para a busca de atualização e profissionalismo.

Apresentação

A proposta deste primeiro livro do curso de Administração Hoteleira da Fundação Armando Alvares Penteado (FAAP) requer apresentar aos leitores, aos alunos da própria instituição, bem como a todos os alunos dos cursos de hotelaria e turismo do país e profissionais da área, a experiência dos autores, aqui reunidos, pois foram os resultados dos caminhos profissionais e da própria vivência acadêmica que os levaram à produção dos capítulos que serão apresentados.

Portanto, a vertente profissional e acadêmica deste livro baseia-se na experiência acumulada desses profissionais, que conseguem transitar espontaneamente entre a teoria e a prática, e podem, assim, apresentar de forma didática os vários temas que serão abordados.

Este livro, dividido em 11 capítulos, mostra a realidade entre ambiente e território, gestão e turismo, e, nas considerações de Adilson Rodrigues Camacho, cujo tema é "Ambiente e território, gestão e turismo: do desenvolvimento, que temos, àquele que 'queremos'", há o questionamento sobre o quanto importa, ao administrador, perceber o território como encontro de necessidades e recursos, e o turismo, como atividade social.

Em seguida, o texto de Jorge Ricca Junior, em "Arquitetura do hotel moderno", oferece uma visão sobre o projeto de hotéis sob a ótica do arquiteto, e procura referenciar estudantes, pesquisadores e profissionais que participam da idéia concebida, do estudo, do projeto e da construção de empreendimentos hoteleiros, por meio de concepção teórica sobre o ambiente interno do hotel, bem como sua ambientação externa, considerando, para isso, a problemática da localização e da requalificação dos centros urbanos.

Na abordagem de Álvaro J. Souza, em "Os serviços no setor de hospitalidade: criação de valor para os clientes de hotelaria", está dimensionada a criação de valor para os clientes da hotelaria e o que isso implica para os vários setores da hospitalidade. O marketing de serviços tem uma abordagem mercadológica e, a partir de sua conceituação, destaca a criação de valores para o cliente e todos os atores envolvidos.

Segue-se o artigo de Lecy Cirilo, "Aspectos legais da hospitalidade turística: uma abordagem socioantropológica", em que a autora faz uma abordagem da hospitalidade turística e os preceitos jurídicos que norteiam o bom cumprimento de valores dos fornecedores e consumidores de produtos e serviços turísticos. Apresenta, nesse contexto, a interpretação da hospitalidade vista não somente como "ato de bem acolher", mas, numa visão dimensionada de aspectos ambientais e urbanos, na relação social da cidade, ou lugar onde a atividade turística se desenvolve.

Franklin Assaly, em seu artigo "A importância da manutenção hoteleira", faz considerações sobre os vários tipos de manutenção e de que forma contribuem para o aumento da produtividade do setor, bem como sua importância como uma das chaves da competitividade no setor hoteleiro.

Fátima Guardani aborda, em seu artigo "Marketing na administração de meios de hospedagem", de forma sucinta e objetiva, os principais tópicos que devem direcionar a gestão de marketing na administração de meios de hospedagem, dentre eles: a análise da localidade, a identificação do perfil do público-alvo, o estudo dos ambientes de mercado, a verificação da concorrência e a adequação do composto de marketing ao segmento que se pretende atingir. A intenção é fornecer ao leitor um panorama geral no que se refere à gestão de marketing voltada ao setor de hospedagem.

No capítulo seguinte, Carlos Dell'Aglio apresenta "Gerência geral e recepção de hotéis", as habilidades e posturas do gerente na gestão moderna e competitiva, assim como atribui valores à recepção, com atenção voltada ao recepcionista de hotel, suas características e habilidades.

Os autores Celso dos Santos Silva, Carlos Roberto Bernardo e Jonas Juliani Oliva proporcionam em seu artigo, "Alimentos e bebidas — mercado emergente, seu planejamento e tendências atuais", uma percepção da área de alimentos e bebidas em empreendimentos turístico-hoteleiros e gastronômicos, identificando a dimensão da atividade, sua origem e evolução históricas, as necessidades contemporâneas de planejamento empresarial e as atuais tendências desse campo de alto grau de especialização profissional.

Apresentação

Marina Lindenberg Lima, no seu artigo "O fenômeno evento: significados, origens e o PCO", trata do fenômeno evento, abordando aspectos sociológicos, visando despertar uma reflexão sobre o seu significado para o ser humano, no decorrer da história e de suas origens. Trata das novas dimensões para o entendimento do fenômeno evento, apresentado em dois momentos: o primeiro, por meio de conceitos, busca analisar o significado social dos eventos; e o segundo apresenta aspectos históricos sobre eventos e as origens dos PCOs.

No artigo "Governança", Regina Laus destaca a importância do departamento de governança nos hotéis e a qualificação profissional que a atividade requer, a partir de uma visão prática e experiente.

Para finalizar a obra, com o tema "Influências de liderança no treinamento e na aprendizagem acadêmica", o autor Hamilton D'Angelo, sem esgotar o assunto, discute o treinamento *versus* atividades acadêmicas, sob a ótica de alguns estilos gerenciais, tendo como alternativa de sustentação a teoria 3D de Willian Redin. Aqui, o autor faz reflexões sobre a inserção da postura educacional nas atividades do administrador, como mais uma das competências exigidas para um gerenciamento de sucesso, tanto para os negócios quanto para seus colaboradores.

Em nome do grupo e pelo grupo, referenciamos nossos leitores e, parafraseando a professora Celia Maria de Moraes Dias, num gesto delicado de hospitalidade, os convidamos a "visitar um autor", pois sem dúvida é sugestão para uma boa leitura. Aproveitem!

Lecy Cirilo, organizadora

Sobre os Autores

Adilson Rodrigues Camacho

Bacharel em Geografia, pela FFLCH-USP, em 1990. Licenciado em Geografia pela FE-USP, em 1991 (MEC 11.768/9-LP). Mestre em Geografia pela FCT-Unesp, em 1994. Doutor em Ciências na área de Geografia pela FFLCH-USP. Atua nas áreas de ensino e orientação em pesquisa em Planejamento e Gestão Territorial do Ambiente e Geografia e Ecologia Urbana.

Leciona nas áreas de Ecologia Urbana e Estudos Socioambientais Urbanos, no curso de Arquitetura e Urbanismo e de Administração e Meio Ambiente no curso de Administração Hoteleira, na Fundação Armando Alvares Penteado — FAAP e no curso de Turismo, da Universidade Paulista — Unip, São Paulo (SP), na área de Antropologia, Tópicos Especiais de Administração 1 e 2 (Gestão Ambiental e Responsabilidade Social), Sociologia, Fundamentos e Evolução da Sociedade de Mercado e Filosofia no curso de Administração (nas suas várias habilitações); de Geografia Geral do Brasil, Turismo no Espaço Urbano, Turismo no Espaço Rural, de Ecoturismo, de Sistema Turístico, Teoria do Planejamento Turístico e de Planejamento Turístico Municipal.

Álvaro J. Souza

Administrador de Empresas. Pós-Graduado em Marketing, Didática do Ensino Superior e Tecnologia Educacional. Mestre em Administração. Vinte anos de experiência profissional em empresas nacionais e multinacionais. Docente desde 1994 em cursos de Graduação e Pós-Graduação. Professor das disciplinas Organização Hoteleira I e II no curso de Administração de Empresas, Habilitação Hotelaria na Fundação Armando Alvares Penteado — FAAP e Empreendedorismo, Marketing e Planejamento Estratégico no Centro Universitário das Faculdades Metropolitanas Unidas — UNIFMU e Centro Universitário das Faculdades Integradas Alcântara Machado — UNIFIAMFAAM.

Carlos Dell'Aglio

Graduado em Administração de Hotelaria pela Universidade de Caxias do Sul — UCS. Extensão Universitária em Alimentos e Bebidas pela Universidade de Caxias do Sul — UCS. MBA pela Fundação Getúlio Vargas e pós-graduação em Administração de Empresas pela Pontifícia Universidade Católica de São Paulo.

Gerente geral do hotel Ibis Santo André, da Rede Accor Hotels; gerente geral do hotel Ibis Guarulhos; do hotel Ibis Expo; e do hotel Sol Bienal Ibirapuera, da rede Sol Melia Hoteles. Participou da abertura dos hotéis citados e é Gerente Geral de Alimentos e Bebidas da Rede Máster de Hotéis.

É professor no curso de Administração Hoteleira da Fundação Armando Alvares Penteado — FAAP; professor do curso de Hotelaria da Universidade Anhembi Morumbi e professor convidado do curso de Pós-Graduação em Gestão Hoteleira da Universidade São Paulo.

Carlos Roberto Bernardo

Bacharel em Hotelaria pela Universidade de Caxias do Sul e administrador de empresas pelo Instituto Municipal de São Caetano do Sul. É administrador de hotel e professor. Mestrando em Hospitalidade pela Universidade Anhembi Morumbi.

Possui relevante experiência profissional nas áreas de Alimentos e Bebidas e Eventos, nos setores de marketing e vendas, bem como no gerenciamento de hotéis.

Atuou na implantação de hotéis, com a realização de festivais gastronômicos, promoções de eventos sociais e *business*, criação de cartão-fidelidade e assessoria na elaboração de livro de gastronomia brasileira e formação de equipes.

Possui cursos nas áreas de gerência, eventos, vendas, marketing e novas tendências, entre outros, realizados em São Paulo, Rio de Janeiro, Venezuela, Porto Rico e Estados Unidos da América. Ministrou palestras sobre Gestão Hoteleira, Alimentos e Bebidas, Convenções e Vendas em várias instituições de ensino.

Trabalha em empresas hoteleiras de bandeiras internacionais há 18 anos, nas áreas de reservas, recepção, vendas, marketing, eventos, alimentos e bebidas, e gerência.

Celso dos Santos Silva

Graduado em Turismo e pós-graduado em Hotelaria, Administração e Tecnologia Educacional. Atua na área acadêmica, como docente de Alimentos e Bebidas I e IV, do curso de Administração Hoteleira da Fundação Armando Alvares Penteado — FAAP.

É consultor de Alimentos & Bebidas da Associação Brasileira de Gastronomia, Hospitalidade e Turismo. Atua na vice-presidência de Aregala Internacional e é diretor de área de Aregala Brasil.

Jonas Juliani Oliva

Graduado e especialista em Educação pela Universidade de Mogi das Cruzes — UMC. Gestão Hoteleira na Escola Sindical de Madrid, Espanha. Trabalha como consultor de Alimentos e Bebidas há 20 anos. Na área acadêmica, na área de Alimentos e Bebidas do curso de Administração Hoteleira da Fundação Armando Alvares Penteado — FAAP e dos cursos de Turismo e Hotelaria da Universidade Anhembi Morumbi.

Fátima Guardani

Mestre em Ciências da Comunicação pela Universidade São Paulo; doutoranda em Administração de Empresas pela Universidade Presbiteriana Mackenzie. Atua em desenvolvimento de trabalhos nas áreas de turismo e hotelaria, tanto acadêmicos como profissionais.

Possui experiência didática em cursos de graduação e pós-graduação nas áreas de Marketing e Planejamento do Turismo. Atua na área acadêmica na Universidade Presbiteriana Mackenzie, nos cursos de Administração de Empresas e Comércio Exterior; na Fundação Armando Alvares Penteado — FAAP, no curso de Administração de Empresas com ênfase em Hotelaria, com as disciplinas de Planejamento do Turismo e Marketing de Serviços na Hotelaria.

Franklin Assaly

Graduado em Engenharia Mecânica pela Faculdade de Engenharia Industrial. Pós-graduado em Administração Hoteleira pelo Senac. Possui experiência de 15 anos na área de Manutenção em Hotelaria.

Atua na área acadêmica no curso de Administração Hoteleira da Fundação Armando Alvares Penteado — FAAP, na disciplina de Manutenção Hoteleira, na pós-graduação da Unaer em Mato Grosso do Sul e no Senac em vários cursos. É professor-consultor do Centro de Administração e Negócios do Senac e profere palestras na área de Manutenção Hoteleira e Predial de Condomínios residenciais e comerciais.

Hamilton D'Angelo

Doutor em Ciências Sociais pela PUC-SP, mestre em Administração pela Universidade Metodista de São Paulo, pós-graduado em Administração de Recursos Humanos pela Universidade São Marcos e pedagogo pela Faculdade Oswaldo Cruz.

Autor de vários artigos científicos na área de Administração e do livro *Introdução à gestão participativa*, 1ª e 2ª edições, publicado pela Editora STS. Atua na área acadêmica, como professor na Faculdade de Administração da Fundação Armando Alvares Penteado — FAAP e na Pontifícia Universidade Católica de São Paulo — PUC-SP.

Jorge Ricca Junior

Bacharel em Arquitetura pela Faculdade de Arquitetura da Universidade de São Paulo, em 1986, e mestre em História da Arquitetura e Teoria da Urbanização pela FAU-USP, em 2004, com o tema "Anhangabaú: construção e memória".

Colaborador em diversos escritórios de projetos arquitetônicos: Ruy Ohtake, Mauricio Kogan, Miguel Juliano, Botti e Rubin, Benno Perelmutter e Murillo Marx. Autor de uma dezena de projetos de residências, lojas, oficinas etc.

Participou da equipe do eminente arquiteto Paulo Mendes da Rocha, no Concurso Internacional para a Biblioteca de Alexandria. Autor de artigos no jornal *Folha de S.Paulo* sobre arquitetura e urbanismo, na década de 1980, e de resenhas de livros de arquitetura no *Diário do Grande ABC*.

Como arquiteto da Prefeitura de São Paulo, atua na área de habitação e planejamento urbano desde 1992. Na área acadêmica, leciona na Fundação Armando Alvares Penteado — FAAP, no curso de Administração Hoteleira.

Lecy Cirilo

Bacharel em Direito pela Universidade São Francisco — USF, de Bragança Paulista (SP). Possui especialização em Planejamento e Marketing Turístico pelo Ceatel — Centro de Estudos de Administração em Turismo e Hotelaria — Senac, São Paulo; Turismo Rural e Meio Ambiente pela Universidade de Salamanca (Espanha). Mestre em Turismo pelo Centro Ibero-Americano — Unibero; mestre em Hospitalidade pela Universidade Anhembi Morumbi e mestre em Tecnologia da Educação pela Fundação Armando Alvares Penteado — FAAP em 2005.

Participou do *Colloque International — Maison des Sciences de l'Homme — Université Blaise Pascal — Clermont Ferrand — França — Hospitalite et Developpement Durable*. Evento realizado de 4 a 5 de abril de 2005. Palestrante com o tema: "Monte Verde: Hospitalite, Tourisme et Immigration — les conflits de la culture des migrants letons et de la culture traditionnale brésilienne dans le projet d'hospitalité d'une petite ville".

Atua na área acadêmica desde 2001, no curso de Turismo, Hotelaria e Marketing da Universidade Anhembi Morumbi, nas áreas de Legislação Ambiental e do Turismo. Direito para o Turismo; Direito Aplicado ao Marketing; Planejamento e Organização do Turismo Aplicado ao Município; Gestão de Negócios Turísticos; Estrutura Organizacional e Funcional de Empresas Turísticas; Normas e Regulamentos da Hotelaria para o curso de Administração Hoteleira e Direito do Trabalho para o curso de Administração, da Fundação Armando Álvares Penteado — FAAP.

Foi avaliadora *on-line* e presencial da área de Ciências Sociais e Aplicadas no 4º Congresso Nacional de Iniciação Científica — CONIC e é avaliadora de trabalhos de Iniciação Cientifica na área de Turismo da Universidade Anhembi Morumbi.

Profere palestras sobre o Ecoturismo e Educação Ambiental, no curso de Pós-Graduação em Gestão Ambiental e Turismo em Instituições de Ensino Superior e possui publicações na área de desenvolvimento sustentável, turismo, educação ambiental e hospitalidade turística. É membro do conselho editorial da revista eletrônica *Global Tourism*.

Atua como profissional do turismo desde 1992 e é empresária do turismo desde 2002, com a Navigare.

Marina Lindenberg Lima

Bacharel e licenciada em Pedagogia pela Universidade de São Paulo em 1968. Mestre em Hospitalidade pela Universidade Anhembi Morumbi, em 2004. Mestrado em Tecnologia Educacional, pela Fundação Armando Álvares Penteado — FAAP, em 2004. *Master of Science* em Educação de Adultos, pela The Johns Hopkins University de Baltimore, EUA, em 1977.

Possui 30 anos de experiência na área acadêmica e atualmente é coordenadora e docente do Curso de Administração Hoteleira da Faculdade de Administração da Fundação Armando Alvares Penteado — FAAP.

Regina Laus

Bacharel em Turismo, com especialização em Administração de Empresas e Administração Hoteleira. Experiência de 29 anos integralmente dedicada à área de Governança em empresas de grande porte nos setores de Hotelaria, Shoppings, Escolas e Condomínios Comerciais.

Possui sólida vivência na parte administrativa e operacional, com amplo domínio das rotinas e procedimentos, treinamento, gestão e coordenação de equipes, é consultora e atua na área acadêmica do curso de Administração Hoteleira da Fundação Armando Alvares Penteado — FAAP e em cursos técnicos.

Sumário

1   Ambiente e Território, Gestão e Turismo: Do Desenvolvimento Que Temos Àquele Que "Queremos" 1
Adilson Rodrigues Camacho

2   Arquitetura do Hotel Moderno 27
Jorge Ricca Junior

3   Os Serviços no Setor de Hospitalidade: Criação de Valor para os Clientes de Hotelaria 47
Álvaro J. Souza

4   Aspectos Legais da Hospitalidade Turística: Uma Abordagem Socioantropológica 57
Lecy Cirilo

5   A Importância da Manutenção Hoteleira 73
Franklin Assaly

6   Marketing na Administração de Meios de Hospedagem 89
Fátima Guardani

7   Gerência Geral e Recepção de Hotéis 105
Carlos Dell'Aglio

8   Alimentos e Bebidas — Mercado Emergente, Seu Planejamento e Tendências Atuais 123
Celso dos Santos Silva, Carlos Roberto Bernardo e Jonas Juliani Oliva

9   O Fenômeno Evento: Significados, Origens e o PCO 141
    Marina Lindenberg Lima

10 Governança 161
    Regina Laus

11 Influências da Liderança no Treinamento e na Aprendizagem
    Acadêmica 183
    Hamilton D'Angelo

Ambiente e Território, Gestão e Turismo: Do Desenvolvimento Que Temos Àquele Que "Queremos"

Adilson Rodrigues Camacho

O cupamo-nos da *questão ambiental* como núcleo temático, demonstrando a impossibilidade de permanecer no nível da totalidade intuída, reino da filosofia, em razão de sua complexidade; dificuldade para o conhecimento que, depois de assumida, permite ao método levar-nos à primeira redução, ao plano da realidade, tomada como sistemas. Da filosofia, passamos à ecologia e à geografia, que preparam o terreno conceitual para a administração. Em seguida, mostraremos que ao administrador interessa a gestão ambiental, indicando como ele pode lidar de modo crítico e criativo com o desenvolvimento social, por meio de um maior entendimento do território como síntese dos processos que envolvem o uso de recursos (da pesquisa de materiais, extração, produção e distribuição de bens, além das normas atinentes aos setores da economia). O percurso completa-se com a consideração das atividades do turismo, como negócio, agente "civilizador" e potencial pedagógico.

Uma primeira razão para o recorte do tema, que é bem vasto, vem já do propósito deste livro, qual seja, o de ser representativo do conteúdo da disciplina "administração e meio ambiente", integrante da grade curricular do curso de administração hoteleira. Isso posto, é preciso registrar nossa preocupação fundamental com a formação de um profissional mais apto a assumir responsabilidades na administração dos projetos, sistemas, processos produtivos e de oferta de serviços, com seus diferentes níveis de impactos ambientais.

Questão ambiental, aqui, é um termo integrador das diversas faces da problemática ambiental, com seus vários componentes objetivos, junto às ciências físicas e sociais envolvidas em seu estudo.

A idéia de impacto remete a de **desenvolvimento**, que requer já uma palavrinha. É preciso distingui-lo de crescimento econômico (incremento prioritariamente econômico) e modernização tecnológica (principalmente, considerados os avanços no campo da tecnologia), apesar de a todo instante a imprensa e a fala comum os identificar. O principal critério adotado para caracterizá-lo é o da abrangência populacional dos benefícios, isto é, a qualidade democrática do projeto em questão. Dos termos, desenvolvimento é o que agrega, assim, as **dimensões sociais** (econômica, cultural, política, territorial e sanitária, entre outras), **psíquicas** (bem ou mal-estar, como a desertificação que pode se dar no interior do ser humano) e **ambientais**.

Apontar-se-á o debate acerca dos modos de desenvolvimento e de suas conseqüências na vida das pessoas e das empresas. Para tanto, quer-se:

- estabelecer uma relação entre a perspectiva geográfica e ecológica nos estudos e estratégias do planejamento ambiental das atividades econômicas, a partir da categoria do território;
- refletir sobre o modelo de desenvolvimento hegemônico, suas implicações ambientais, principalmente traduzidas em impactos nocivos;
- Questionar o papel do técnico e do político na construção de **ambientes mais saudáveis para a humanidade**, definindo uma gestão de negócios com parâmetros do planejamento e manejo de ecossistemas, a partir dos enfoques ecológico e geográfico.

Teoria ou Concepção do Ambiente para a Ação: Encontrando a *Questão*

O que está fora da *questão ambiental*? Na perspectiva deste trabalho, nada. E nada porque se trata de um complexo de processos socioambientais, desde o nível microscópico (uma trama ainda pouco conhecida de elementos e relações), passando pelo plano de análise geográfico ligado ao território, alcançando aquele mais abstrato, no qual têm lugar as decisões sobre os projetos das grandes transformações da natureza.

A referência à *questão ambiental* traz o ambiente como fonte e finalidade da própria vida e, também, como um rol de problemas que o envolvem (poluição e envenenamento das águas e solo, por exemplo, com perda da qualidade sanitária, de várias maneiras).

Trata-se de referência obrigatória à natureza que trazemos tanto em nossa biologia como em nossa vida simbólica, cultural. Natureza e cultura tomadas, aqui, como indissociáveis.

Essa idéia merece ser mais bem explorada. Tem sido banalizado, e até mesmo aviltado, o debate sobre preservação e sustentabilidade ambiental, pois é sabido que quanto mais um tema, conceitos ou teorias estiverem, sem os cuidados necessários, nos meios de comunicação de massa, nas emissoras de televisão e até mesmo nas escolas, mais reinará a confusão sobre os corretos significados e acepções. Tal fato é explicado em função da intensificação da informação, concomitante ao empobrecimento dos processos de comunicação. Segundo M. Santos (1996), vivemos em uma *sociedade dos tradutores*, definida pela crescente agregação de informação aos objetos técnicos que passam a freqüentar cada vez mais a intimidade das pessoas, ao mesmo tempo em que são nossos grandes desconhecidos, associada à também crescente dependência daqueles especialistas em sua tradução, por meio de manuais e bulas para o seu manuseio e operação.

Aqui, então, para evitar mais esvaziamento de sentidos, deve-se relacionar, tanto quanto possível, todas as dimensões da vida social que expressam as ligações diretas que temos com a natureza. Estamos falando de *saúde* (o equilíbrio entre sistemas ambientais: segundo L. Margulis (2002), o ambiente é um sistema orgânico e nós também), de *gastronomia* (a ocorrência de matéria-prima é, originalmente, regional e sazonal), de *arte* (os motivos da arte estão vinculados às ambiências vividas ou imaginadas a partir das experiências), de *linguagens* (tendo como exemplo máximo os ideogramas que demonstram, em um nível bem elevado, a síntese entre o ambiente e a cultura), de *mitos*, *lendas* e *religião* (as narrativas e os símbolos não são nem atemporais, nem extraterritoriais).

Os temas citados interessam bem de perto aos profissionais de hotelaria e turismo, posto que constituem muitas de suas práticas e preocupações. Seguem dois exemplos para tornar claro o raciocínio.

Encontramos um bom exemplo da estreita relação entre saúde e ambiente na menção que M. C. L. Costa (1997) faz sobre como os médicos, ligados ao movimento higienista, podem ser considerados os primeiros ambientalistas ao associarem as condições físicas do espaço urbano às do corpo humano. De certo modo, eles praticavam uma "medicina ambiental" que considerava a saúde resultado do equilíbrio da relação entre topografia, clima, amplidão de horizontes, espaços arejados e da existência de verde e lugares de fruição da cidade, como parques, praças e passeios públicos. Nesse sentido, parece ter havido um retrocesso da abordagem atual.

No caso da gastronomia, parece bastante interessante fazer uma referência aos historiadores da alimentação J. L. Flandrin e M. Montanari (1998), que reiteram pela via documental os vínculos entre tradições regionais e as características ambientais; fazem mesmo menção ao território como fator de memória. *Sempre que possível é bom lembrar que os cardápios estão enterrados no solo e mergulhados nos rios, lagos, lagoas e mares.*

As ligações entre natureza e o homem são extremamente complexas, e até mesmo desconhecidas em muitos aspectos; o que é bastante explorado pela filosofia (metafísica) e por algumas formas de arte. É assim que passa a fazer sentido, neste momento da argumentação, a questão da *desertificação física* (ambiental, exterior) — complementada mais adiante com suas formas *social* (convívio público) e *psíquica* (simbólica, interior) — ligada ao afastamento da natureza do humano, sugerindo um debate: degradação, cisão ou apenas transformação? O que de fato acomete a humanidade nos tempos de hoje? Continuemos a exposição.

B. I. Souza (2004) define e comenta os debates acerca da desertificação na dimensão física do ambiente na perspectiva das ciências naturais aplicadas: "Longe de ser puramente acadêmica, esta polêmica (entre as diferentes correntes de opinião) teve, e ainda tem, importância prática significativa, pois pode influenciar tanto na formação de políticas como na destinação de investimentos para combater este processo".

Alguns dados preocupantes sobre desertificação também estão em *Folha Online*, Cotidiano (4/11/2004).

Ainda sobre a definição de desertos, pode-se recorrer a M. T. Rosenberg (2005ab).

N. M. Unger (2001) trata de um outro processo de desertificação, aquele que acontece em nosso interior, concernente à perda dos vínculos com nossa natureza. Cisão relativa àquilo que aponta como uma espécie de dessacralização da relação com a natureza.

Além do tema da desertificação, também desafiam os cientistas outros problemas e questões de magnitude planetária, como o El Niño e La Niña; reversão magnética (M. T. Rosenberg, 2005a); aquecimento global (Costa, A. L. M. C., 3/3/2004) ou, ainda, a mudança climática brusca (Scientific American Brasil, 2004) e colonialismo genético (Scientific American Brasil, 2004). Graves, também, são os descontroles ambientais urbanos (Medaglia, T., 2005).

O caminho segue pelo tratamento da natureza.

■ Daí, a primeira complicação. Como vencê-la? Filosofia, ecologia e geografia.

Em nossa discussão, natureza é tudo: apresenta o presente e o passado, é interna e externa ao ser humano, condição da cultura e por ela também transformada. É o ponto de partida da filosofia, escapando assim, em sua complexidade, ao método científico, mas não nos deteremos neste nível de complexidade. Prova de que esse plano está além de nossa percepção e entendimento, são as doenças e a poluição que indicam nosso desconhecimento dos demais seres (estruturas orgânicas e inorgânicas), com os quais nos relacionamos em profunda ignorância; esta parece ser a causa maior dos tais desequilíbrios. Registramos que é o papel do método unir sujeito e objeto do conhecimento no ambiente que é a natureza conhecida, atribuindo sentido à prática, aproximando-nos da realidade possível por meio de roteiro e de instrumentos mais modestos.

É por isso que a questão ambiental já está no nível do conhecido (plano que nos permite a reprodução e a produção de artefatos), a partir da sistematização da realidade visível. Assumem-se, portanto os limites da razão para poder, em seguida, expandir o conhecimento que se pode ter. Reduz-se para depois expandir.

Permanecendo apenas no rol dos cientistas que corroboram esta visão, dos limites da percepção, citaremos El-Hani, C. N. e Pereira, A. M. (2001) e Santos L. G. (2003).

Seguindo os objetivos anunciados do problema, passamos à resposta dada pela razão.

- Então, uma primeira solução. Da filosofia, ecologia e geografia à administração.

Baseada na relação existente entre ambiente, território e paisagem, que são os componentes da questão ambiental, propõe-se o percurso que vai da natureza ao território, amparando-nos na filosofia, na ecologia e na geografia.

Aproveitando o aporte da ecologia e da geografia, vamos da imagem da natureza para as materialidades ou espacialidades dos ambientes e paisagens. Com o auxílio da teoria dos sistemas e da ecologia, reduzimos esse todo ao ambiente, como conjunto de biomas e ecossistemas (compostos pelos processos que relacionam animais, solos, rochas, minerais, fungos, bactérias, entre inúmeros seres; envolvem as reações biogeoquímicas e ciclos orgânicos, climáticos, rochosos, no solo, além das progressivamente mais intensas determinantes sociais), que se torna, assim, passível de apreensão, medida e planejamento.

O sistema, como conjunto articulado de elementos com funções próprias e coerentes, permite atribuir funções, equacionar "variáveis", quantificar, mensurar e operacionalizar, enfim, manipular a realidade reduzida, expandindo-a indefinidamente. Primeiro, organiza-se o mundo visível, apreendido, para, depois, *verticalizar-se* o conhecimento.

Os diferentes ecossistemas são tomados pela geografia como unidades, com certa identidade, de conteúdo diversificado, complexo e dinâmico, unidades que aparecem como paisagens, ou melhor, como a diversidade paisagística do Planeta; florestas tropicais, de tundra, taiga, savanas ou cerrados, desertos frios ou quentes etc. O nível das relações ambientais, objeto da ecologia não é, normalmente, o terreno do administrador ou do engenheiro de macroestruturas, no entanto, o escopo da geografia traz a categoria de **território** para a análise e manejo da realidade ambiental do modo como nos interessa, pois é próprio ao conceito de território permitir o zoneamento, a regionalização, departamentalização, federalização das atividades humanas, seja nos ambientes ditos "naturais" ou naqueles mais urbanizados. O que se está querendo dizer é que a gestão do ambiente dar-se-á por intermédio do território, em razão da escala (processos sociais macroestruturais) e possibilidades conceituais, dada a síntese que o território representa.

A teoria geral da informação (Epstein, 1988) nos mostra que a informação plena não existe, pois, para tomar sentido, ela requer redundância, repetição e redução. Todos os *pixels* da tela do monitor de TV, em seu máximo de luminescência, não cumprem sua função de mostrar movimento em imagens, o que fariam se acendessem gradativamente, ao passo que apenas uma luz de freio do painel do automóvel, quando acesa, informa claramente o que deve ser feito: averiguar o sistema de freios...

Com esse espírito, também, é que o pedido para que cada aluno, em uma sala de aula, faça uma lista de "tudo" o que esteja vendo terá como resultado uma lista contendo, a um só tempo, uma fração do "tudo" intuído e direcionado, determinada mesmo pela experiência e intenções.

Nessa linha de raciocínio, percebe-se o porquê dos maiores fracassos das atividades de consultoria a uma empresa: diante de toda a complexidade de relações (informalidade, afetos, sentimentos, estratégias de despiste de coordenação etc.) que envolvem as organizações, difícil é confeccionar um instrumental eficiente de análise ou diagnóstico dos processos, já que a estreiteza de objetivos, normalmente limitados à dimensão do lucro concentrado, não irá alcançar outras esferas e dimensões humanas presentes nas organizações que, entretanto, manifestam-se a todo instante, sem a previdência dos planejadores e gestores, desatentos para a tal diversidade humana, colocada em suspenso, senão ignorada.

Trata-se, aqui, de uma redução assumida como possibilidade de conhecimento que, então, passa a servir como ponto de partida para que aí, sim, empreenda-se um aprofundamento e expansão dos estudos com a ajuda da razão. Expansão que é o objetivo do pesquisador.

Reiterando, aqui está a ciência e já, portanto, o plano da administração como se verá a seguir. Visto que, para gerir e planejar, é preciso quantificar, está aí o reino do sistema e da função (equação); ao menos como ponto de partida, conforme ensina F. C. C. P. Motta (2003).

Em uma afirmação simples, ambiente e paisagem são, conforme já declarado, respectivamente, conteúdo (objetos do sistema relacionados entre si) e forma do território.

Se a natureza é "esse tudo" citado há pouco — ponto de partida da filosofia, da arte, do pensamento religioso —, portanto, ela não será por nós estudada. O ambiente, reitera-se, é uma redução ou sistematização necessária, conforme, com os exemplos, esperamos mostrar. O ambiente, como lugar das relações energéticas entre os seres e com o meio, que é objeto da ecologia.

A paisagem é a forma que essas relações assumem; a aparência das marcas das atividades humanas.

O território é a categoria que reúne todas as outras e, assim como a paisagem, é objeto de estudo da geografia. Ele é fundamental à gestão ambiental. O território que pode servir como síntese e expressão dos modelos "clássicos" e alternativo de desenvolvimento (apresentados adiante), em suas dimensões política, cultural e econômica. A dimensão territorial da sociedade é aquela que expressa boa parte das relações sociais, é nele que estão os problemas e as soluções que as sociedades dispuseram-se a espacializar; pois nem todas as soluções vêm à luz para todos. Estradas, melhorias urbanas — como transportes, equipamentos coletivos e saneamento básico — estão desigualmente distribuídos pelo espaço, territorializados conforme decisão política manifesta. Para um aprofundamento da noção de território, pode-se consultar M. Santos (1996 e 2001), além de C. Raffestin (1993).

Território é o plano da realidade em que são definidos politicamente a ocupação do espaço e o uso dos recursos pelas atividades humanas. Veremos por que o turismo deve superar e enriquecer — por meio da educação, políticas públicas e legislação — o negócio da venda de paisagens (pacotes turísticos voltados para as formas ambientais isoladas, como rios, cachoeiras, vertentes, lagos etc.), integrando-as, como elementos ambientais, ao território. Dizemos que *as atividades humanas territorializam-se como soluções aos seus problemas*. Neste trabalho, são consideradas, principalmente, as soluções técnicas de fundo econômico mais ligadas às necessidades, satisfeitas por meio de uso dos recursos do território, como a construção de estradas, áreas de cultivo e indústria, portos etc.

O território oferece uma boa porta de entrada para a análise e planejamento (diagnóstico e prognóstico) das relações e processos sociais diretamente ligados ou não à produção. É nele que podem ser encontradas as razões de sua organização, ou seja, sendo a sociedade uma organização de organizações, deverá, cada uma delas, tanto quanto a articulação em diversos planos e escalas, apresentar-se em sua lógica espacial (redes, que são sempre geográficas). Algo como a junção entre os aspectos físicos e os humanos, na aludida *geografia socioambiental, de* F. Mendonça (2001).

E, sendo, portanto, o território a síntese mais palpável da realização das atividades/ações econômicas, administrativas e geográficas, além das culturais, é dele que se tratará agora.

Questão de método I — operações fundadas na concepção que reúne tanto a dimensão abstrata (normatização e diretrizes) quanto a prática (o fazer, no plano concreto)

- Importa a *questão ambiental* ao administrador? Por quê?

Administrar significa, do ponto de vista lógico, organizar as atividades sociais para o desenvolvimento. Daí a validade da argumentação que ora é encaminhada.

Diante de si, tem o administrador uma imensa gama de impactos ambientais relacionada aos modelos de desenvolvimento, além dos correspondentes instrumentos de gestão dos recursos ambientais.

O emprego dos conceitos já interfere na realidade que se está tentando apresentar e, por isso, que a questão teórica, também importante para o administrador, tem por objeto os sistemas de gestão e a gestão de sistemas; daí que a sistematização da natureza permite a ele, como de resto a todos os outros técnicos e cientistas, operar com a realidade conhecida.

A administração, ao incumbir-se de gerenciar processos, estará relacionada aos instrumentos de gestão, havendo uma dimensão originária a eles, em um nível mais abstrato, que é o modelo de desenvolvimento escolhido por uma sociedade ou um conjunto delas, nas quais são definidas as premissas e as prioridades, incluindo os tais instrumentos. Portanto, os elementos-chave dos eixos de gestão estudados são dois modelos de desenvolvimento e seus correspondentes modos e instrumentos de gestão, que adquirem tanto mais visibilidade quanto mais sejam tomados como realidade territorial (Raffestin, C., 1993). Eis uma grande interface entre geografia e administração. Esquematicamente, os eixos A e B teriam a seguinte configuração, com conteúdos sociais e ambientais distintos e até mesmo divergentes, embora complementares em alguns aspectos:

- Modelo de desenvolvimento (convencional e/ou alternativo) — modo de gestão — instrumentos de gestão — território transformado pelos processos.

É preciso fazer uma advertência sobre a intensa banalização de propostas, teorias, concepções e instrumentos, muitas vezes *esvaziados de seus significados originais*. São exemplos bastante em voga: o *desenvolvimento sustentável*, *coleta seletiva* e *reciclagem de materiais*; "retrologística" aplicada aos processos (produção e circulação); "Transferência" da responsabilidade aos indivíduos, por exemplo, pela falência dos sistemas de armazenamento e distribuição de água potável e de energia elétrica domiciliar, regulados pelo mercado.

Ética e questão ambiental devem nortear as atividades econômicas (produção estrita, comércio e serviços), permitindo uma discussão das formas de "humanização do lucro", por meio da responsabilidade social de todas as organizações, de um modo geral. Torna-se necessário apresentar todos os sujeitos sociais envolvidos nos processos produtivos e as características da exploração do ambiente, os principais conflitos e as possibilidades de conciliação. Isso é básico em qualquer diagnóstico ambiental.

O território dá visibilidade estrutural ao desenvolvimento. Definido o território de que se está tratando, é preciso enfocar a organização empresarial da produção e divisão territorial do trabalho na modernidade. O desenvolvimento das forças produtivas no capitalismo estruturou seu espaço geográfico e pode, também, ser analisado pelo arranjo espacial das diversas etapas e unidades dos sistemas produtivos e no funcionamento de sua gerência desses objetos e redes, como manifestação de poder corporativo. No caso das organizações de capital privado, é desejável que se argumente em favor de um planejamento com planos flexíveis, participativos (democráticos) e acompanhamento dos empreendimentos implantados, sem perder de vista as finalidades públicas da produção de riqueza social.

Trata-se de perseguir uma "nova administração", com princípios de gestão ambiental verdadeiramente sustentável (objetivos, responsabilidades e instrumentos efetivos). A empresa do *trade* turístico, como qualquer outra, deve propor formas de desenvolvimento social, a partir da compreensão ecológica dos lugares, retomando a problemática da sustentabilidade, adequar-se ou discutir, nos fóruns competentes, as políticas públicas.

Os impactos ambientais nocivos são aqueles proporcionados pelas estratégias produtivas correspondentes ao "modelo clássico" de desenvolvimento, seus postulados científicos e tecnológicos. Os sistemas de gestão, seja o convencional ou o crítico/alternativo, têm ambos seus instrumentos de gestão.

O modelo convencional — com as tarifas habituais, como a de energia elétrica, telefone, água, entre outras, além de extração e emprego de recursos e materiais de uso já consagrado, petróleo, por exemplo — e as propostas alternativas, como reciclagem, taxação de poluidor-pagador, coleta seletiva, "cultivo-de-mata-em-pé", que, em princípio, são excelentes idéias ao nascer, porém, já nos seus primeiros passos, são cooptadas pelo sistema produtivo/modo de produção que as transformam de revolucionárias (na concepção) em um instrumento ou conjunto de instrumentos que, no máximo demonstram suas "boas intenções" como expressão de uma transição e de possibilidades. Um manual técnico sobre o assunto, de conteúdo atualizado e de uso prático, é o de J. C. Barbieri (2004).

Tanto as políticas públicas quanto os programas de melhoria das condições ambientais envolvem, como já afirmamos há pouco, avaliações e propostas dirigidas às atividades econômicas e ao ambiente:.

Os instrumentos de gestão, em geral, mais utilizados são o *Estudo de Impacto Ambiental*, EIA; *Relatório de Impacto Ambiental*, RIMA (Salgado, F. G. A., 2000; J. C. Barbieri, 2004; Donaire, D., 1999; 2000; *Meio ambiente industrial*, maio-junho/2005); *Avaliação de Impacto Ambiental*, AIA (J. C. Barbieri, 2004); *Sistemas de Gestão Ambiental*, SGA (J. C. Barbieri, 2004; DONAIRE, D., 1999; 2000); *Meio ambiente industrial* (maio-junho/2005) e as **certificações** diversas, como a **ISO 14001** (J. C. Barbieri, 2004; Donaire, D., 1999-2000); *Meio ambiente industrial* (maio-junho/2005), os "**selos verdes**" (sobre *dumping* social e barreiras não tarifárias por meio dos selos, conforme *O Estado de S.Paulo* — Comércio Exterior, 27/12/1993); **tarifas públicas**, como a de **lixo** (*O Estado de S.Paulo* — Cidades, 30/10/1998; Instituto Brasileiro de Defesa do Consumidor — Idec, Água e Saneamento, 27 de janeiro de 2003), de **água**, pelo uso e pelo serviço (Teixeira, J. L. e Zioni, C., 2000); de **luz** (*Folha Online*, Cotidiano, 13/4/2005), entre outras.

Propostas de reaproveitamento de resíduos produzidos pelo turismo, pelos próprios processos e operações turísticos ou pelas atividades agregadas, nos *clusters*, podem minimizar os problemas ambientais; embora esteja no rol das ações conservadoras, como a reciclagem, que não resolve o problema, mas pode minimizá-lo.

Há muitas falhas de gestão, agregadas a graves problemas éticos no que diz respeito ao cumprimento das leis por parte das pessoas "físicas" e "jurídicas", bem como problemas tão ou mais pronunciados nas áreas de fiscalização das atividades sociais, além dos problemas devido ao baixo investimento em pesquisa científica.

Aos problemas já comuns — como jogar lixo em ecossistemas muito frágeis, por exemplo, os mangues (*Jornal do Commercio*, 13/5/2005), provocar a poluição do ar por emissão de gases dos automóveis, dos rios pelo despejo de esgotos — somam-se os novos, como a detectada contaminação da água dos rios pelo excesso de substâncias tóxicas, por exemplo, os princípios ativos de medicamentos (Younes, R., 3/8/2005).

■ Território como encontro de necessidades e recursos: definições, avaliações e propostas.

Pode o desenvolvimento ir "além da economia"? Como coordenar políticas e programas ambientais com as atividades econômicas e o ambiente concreto? A. Sen (1993) nos oferece avaliações e propostas, introduzindo questões como satisfação, miséria, justiça e liberdade ao pensamento econômico.

Os problemas agudos e os mais sutis que nossas sociedades vêm enfrentando, no que concerne aos desequilíbrios ambientais, demandaram respostas conceituais e técnicas, como os conhecidos sistemas de gestão ambiental, além de novos instrumentos de gestão menos impactantes e a revisão de alguns dos já existentes. Cada um dos instrumentos, "clássicos" ou alternativos, propiciou estudos e textos próprios, dada a amplitude técnica e teórica da questão.

Prosseguindo no esclarecimento do campo ambiental da gestão e o papel do território nessa leitura e conseqüente planejamento, há o interesse de colocar em cena uma face do debate das teses ambientais, desde aquelas mais radicais e realmente revolucionárias até as mais pragmáticas. Radicalidade, em princípio, é algo necessário e logicamente justificado para qualquer empreendimento de mudança real.

Os modelos de desenvolvimento, sumariamente apresentados, sugerem modos próprios de encarar as transformações que cada um deles preconiza. Analisado o modelo conservador capitalista, o presente texto prioriza as linhas criticas de pensamento e ação, como as que seguem.

No modelo convencional, usa quem paga, não obstante muitos não possam pagar, a exemplo das notícias que reportam a má distribuição de energia (Guerrero, Y., 2/2/2005). Desigualdade que também aparece nos maus tratos dos citadinos em relação a seus mananciais (Tuffani, M. ago. 2002), além do fato de que "em 45 anos, segundo a ONU, três bilhões de pessoas poderão estar vivendo em favelas" (Weissheimer, M. A., 7/4/2005).

Mas o problema é grave tanto nas cidades (Santoro, P., 2003; Viveiros, M., 2004) quanto nos ecossistemas mais afastados, pois ocorre fartamente a ocupação inadequada de lugares cuja capacidade de suporte de atividade social moderna é baixa, proporcionando impactos ambientais intensos, como é o caso do Pantanal sul-mato-grossense (Sakamoto, L., nov/dez 2002; Oliveira, E. e Corrêa, H., 9/8/2005).

Os impactos crescentes, trazidos pela modernização tecnológica, aumentam sem medida e os *riscos* específicos tornam-se, até mesmo, uma área de estudo (Marandola JR., E. e Hogan, D. J., 2004).

Apresentamos, resumidamente, as abordagens ambientais que ficam entre *uma* redução aparentemente mais pragmática, para fins de planejamento e gestão — de A. C. R. de Moraes (2002) que valoriza a categoria de território como via principal da gestão, propondo uma *gestão territorial do ambiente* (uma concepção mais delimitada do ponto de vista das "possibilidades efetivas" que implica uma redução da problemática ambiental ao âmbito geográfico por intermédio, principalmente, da categoria de território) — e duas outras abordagens, mais radicais, a de E. Leff (2000) que sugere mudanças profundas nas práticas sociais e uma autogestão dos recursos participativa, defendida por E. Leff, com a constituição de uma *racionalidade ambiental* (Marx, Foucault, Weber) capaz de superar a *racionalidade econômica* vigente, ao modo como de N. M. Unger (2001) que faz considerações filosóficas sobre as práticas da relação do ser humano com sua natureza, *desertificação*, cisão e desenraizamento, e oferece como opção uma reconciliação entre "saberes e fazeres" (as noções de *híbris* e *theoria*).

Reduziu-se a dois **tipos ideais ou modelos** a extensão daquilo que se entende e pratica como desenvolvimento, conforme esquema já posto na seção sobre o que interessa de ambiente ao administrador, com base na linha de pensamento defendida por E. Leff e P. P. Layrargues. Um modelo é o **convencional**, dominante, e o outro, **alternativo**, presente como virtualidade, oriundo de uma visão democrática de sustentabilidade, mantendo-se alerta quanto à validade da simplificação no que diz respeito ao raciocínio.

No modelo convencional, a gestão e seus instrumentos são os que aconteceram desde a sociedade instaurada pelas revoluções burguesas no campo político, cultural e econômico. Nas propostas aglutinadas sob a bandeira crítica de alternativa, os projetos não vingam por inteiro, pois são "cooptados" pelo modelo anterior.

Elas existem em uma situação de transição, mesmo quando implantadas, em uma clara vantagem dos atributos políticos dos discursos das organizações que legitimam e selecionam práticas "utilitárias e funcionais em relação ao meio ambiente" (Carriere, A. P, 2003), promovendo uma espécie de *marketing* verde (Layrargues, 1998).

Qualquer ação produtiva deve atentar para os *estragos* que já vimos sendo feito ao ambiente. Algumas questões fundamentais sobre a *desertificação* nos vários níveis já referidos, escassez de recursos básicos à existência humana, bem como a conciliação dos interesses dos mais diversos agentes sociais, devem ser priorizadas.

As duas vias de gestão alternativa, citadas como proposta de superação da gestão convencional, apontam para políticas e tecnologia, além de reformulação das normas, baseando-se na realidade ambiental conhecida; trata-se de valorizar uma **gestão ambiental com ambiente**. A água é uma fonte de energia, um dado científico para a química, um recurso econômico, quando se trata de bebida fundamental ou hidroeletricidade, contudo, é um elemento da natureza, *um componente* do sistema ambiental planetário de ocorrência local variada; e, como tal, deve ser pensada. Ainda dentro da problemática da água (as falas da escassez), o manejo de áreas para barragens articula grandes e impactantes obras que podem ocasionar um processo de desertificação, como o preço para aumentar o fornecimento etc.

A referência às fontes de energia "limpas", para a alimentação ou para a produção industrial, como soja, silvicultura, parcerias comunitárias, açaí/pupunha, dendê e demais biocombustíveis, Proálcool, está no rol das opções ao petróleo.

As referidas **dimensões** sociais (econômica, cultural, política, territorial e sanitária) e psíquicas (desertificação interior) — com mais condições, portanto, de integrar as preocupações ambientais — envolvem subjetiva e objetivamente aquilo que designamos processos socioambientais para juntar a dinâmica das relações ambientais (ecológicas) às sociais.

Os antigos "preconceitos" ou, se se preferir, posições políticas contra os números populacionais motivam contundentes debates na geografia da população e na demografia, opondo geralmente K. Marx e T. Malthus.

A questão demográfica, há tempos, gera muita discordância e posturas díspares em todos os níveis e grupos sociais. O que se pode adiantar é que a escassez já não pode ser um argumento plausível contra a natalidade (*Folha Online*, Mundo, 23/6/2005). No quesito demografia, a predominância de uma população idosa ou jovem requer um ambiente, um território, mais bem preparado para a demanda de alguns detalhes (*Folha Online*, Mundo,16/7/2005). Ratificando: não está na quantidade de pessoas a fonte de nossos maiores problemas ambientais.

Quando Leff apresenta a autogestão participativa dos recursos como projeto socioeconômico, ele considera o mercado global em moldes um pouco diferentes, com mais negociação e mudanças na matriz produtiva, pois preconiza uma reapropriação da natureza (na prática, uma reaproximação). Assim como na visão preservacionista de A. C. Diegues é a etnoconservação que viabilizaria a conservação dos ambientes, posto que aprenderíamos com os povos nativos das várias localidades a produzir adequadamente, difundindo e adaptando esses conhecimentos às escalas maiores de produção e comércio (Maciel, R. C. G., 2003). São propostas concretas e há uma infinidade delas. Exemplo interessante de autogestão encontra-se na reportagem "Vilas são experiência de autogestão chinesa" (Trevisan, C., 5/9/2004).

O debate acerca da relação entre as ONGs e a sociedade, em geral, o poder público, o capital, entre outros, apresenta nuances, conforme C. W. P. Gonçalves (1992), N. V. Carvalho (1995), G. A. B. Fonseca e L. P. S. Pinto, (2001). Compõem o debate a advertência quanto aos eventuais problemas de representatividade política e "promiscuidade ideológica e/ou financeira" na gestão de recursos; defesa de incentivo financeiro àqueles que dependem dos recursos ancestrais, nações indígenas ou grupos extrativistas que vêem a degradação de sua renda (C. E. Young, 2005); aqueles que pensam que pela via institucional (políticas, ações de aparelhos de Estado) chegar-se-á a uma solução satisfatória. A questão merece ser estudada com profundidade, sendo proveitosa para todos.

Questão de método II e alguma prática — as atividades socioambientais

■ O turismo como atividade social: é possível unir negócio e pedagogia?

Ao considerarmos o desenvolvimento e o turismo, o espaço geográfico é aqui tomado como base do planejamento e de gestão, segundo já afirmamos, para o conjunto da economia.

No turismo, como unidade, incidem as perspectivas ecológicas, geográficas e econômicas, entre outras, permeando todas as atividades do turismo e seus diversos segmentos de mercado.

O setor de hospitalidade apresenta uma ampla tipologia de alojamentos, como *resorts*, *lodges*, hotéis convencionais, *campings*, fazendas-hotel, hotéis-fazenda, pousadas, que nos permitem muitas considerações sobre a escolha do sítio, diagnóstico e prognóstico ambiental. É importante identificar os circuitos produtivos convencionais, aqueles que não deram ou planejam dar um passo para diminuir os impactos causados pelas suas operações, bem como aqueles que o fizeram (E. Yázigi, 2000).

O "bom turismo" e a qualidade ambiental, portanto, da vida social, implicam serviços para habitantes e visitantes. Daí a importância do conhecimento do entorno, da composição da paisagem, para as hospedarias e os hotéis: do "ecoturismo" ao turismo de negócios. O entorno pode ser urbano ou rural, com suas especificidades ambientais, apenas requerendo metodologias de trabalho diversas.

A territorialização da estrutura legal de proteção ao ambiente natural no Brasil principia com as principais leis federais: Constituição Federal, Política Nacional do Meio Ambiente, Código Florestal e Sistema Nacional de Unidades de Conservação. Tudo isso vira paisagem.

Ocupação desordenada (loteamentos clandestinos e demais problemas socioambientais de habitação urbana).

Tratar da boa qualidade do conjunto das atividades do turismo requer uma superação do "turismo de aparências", em busca da qualificação da relação *lugar–habitante–viajante*. Nesse modo, um típico problema de desqualificação dos lugares é apresentado pela seguinte matéria: "Brasil é visto como destino turístico perigoso. Governos estrangeiros fazem extensa lista de recomendações a viajantes sobre riscos nas grandes cidades" (Fraga, É., 2004).

O propósito deve ser o de apontar alguns problemas existentes no conjunto das atividades turísticas, concernentes a um uso pobre e superficial que se faz dos lugares; mais ligado a consumo do que ao envolvimento com as coisas do lugar visitado, conforme a crítica que faz C. M. Hall quando frisa a redução do **lugar** (rica ambiência, fonte de significados para a vida) a simples **destino turístico**, do ponto de vista funcional (2002). O lugar é a escala espacial afetiva da vida, do que acontece cotidianamente; dos hábitos: "O lugar de que eu sou!"; "De que lugar você é?"; "A que lugar você pertence?".

O lugar começa a ser percebido em um outro patamar de demanda do viajante!

Que *estragos* são esses e o que podemos fazer para melhorar as coisas? Onde está a *questão ambiental* no turismo e na hotelaria? E a contribuição do setor? Neste ponto, é preciso reiterar questões como a das condições de habitação, a necessária referência do planejamento ao ambiente, dos problemas de ocupação inadequada do espaço, da consciência de que os problemas do turismo (e da hotelaria, em suas várias expressões) serão aqueles dos moradores, dos habitantes da região. Aqui, administração e geografia ajudam a compreender melhor a *questão*. E. Yázigi (2001), em *A alma do lugar*, propõe a adoção de referências ambientais como auxílio à constituição da identidade do povo local e para o turismo, porém de modo consistente e com base científica.

No que concerne à identidade, temos a falta de memória, inclusive ambiental, como os significados cultural e econômico do arranjo ecológico (qualidade do solo, relevo, clima para a fixação, sucesso ou fracasso de grupos humanos) ligados aos costumes.

Aqui, o ponto importante é esclarecer o que seria a tal crítica a um "turismo de aparências". Algo como um turismo de paisagens, vendendo e comprando em um mercado de formas vazias: cachoeiras, morros, praias, bosques, rios, entre as demais formas de relevo possíveis. Trata-se de, necessariamente, expandir a noção de qualidade da administração às outras dimensões sociais, além da econômica.

O que deve ser considerado é que nem sempre uma estrada melhora a vida ou a economia local; isso é muito fácil de entender, no caso do ecoturismo, turismo no espaço rural, alguns modos de aventura, entre outros tipos.

Não há um objetivo pedagógico para a expansão desse "turismo de aparências", conforme a entrevista de um consultor hoteleiro "não há uma preocupação de se ampliar o conceito de sol–areia–mar" (Pacheco, p., 2004).

O habitante é aquele que é reconhecido por ter um lugar e que deveria ser o alvo principal dos benefícios resultantes de conquistas políticas (equipamentos de uso público). Um bom lugar para se viver é um bom lugar para se visitar!

Esse conhecer nos leva à consideração das opções excludentes que a segmentação do mercado do turismo vem acentuando: turismo de aparências, com pouca exigência educacional...

A qualificação do ambiente e da vida é a mesma coisa; bem como das relações sociais e da individualidade, mais abrangente do que a referência à qualidade de sistemas e processos produtivos

A condição para essa mudança, que não é só do turismo, é uma educação (ambiental) que privilegie as culturas locais; uma educação que reintegre a natureza à vida humana.

Qualificar as relações entre os habitantes e deles com os visitantes, por meio, inclusive, de bons serviços prestados...

Podemos entender a lógica de uma sociedade entendendo seu território, observando a disposição dos objetos e das ações que dão existência ao espaço, como fábricas, áreas de extração e cultivo, estradas, templos etc.

Entender e Intervir

Aqui é possível unificar diversas modalidades de fazer turismo, principalmente "aquela de superfície" e aquela com preocupações ambientais e sociais mais amplas (educação), em um primeiro momento, até mesmo pela via do "mercado".

A pesquisa está em andamento e este texto é mais uma apresentação do estado geral em que ela se encontra, para o diálogo sobre o assunto. Aguardo sugestões.

Bibliografia

BARBIERI, J. C. *Gestão ambiental empresarial*: conceitos, modelos e instrumentos. São Paulo: Saraiva, 2004.

CARRIERE, A. P. O meio ambiente: discurso consistente ou prática vazia? Uma reflexão sobre os discursos ambientais, a teoria organizacional e o caso brasileiro. *Revista de Administração pública*, ano 37, n. 6, nov./dez. 2003.

COSTA, M. C. L. Do higienismo ao ecologismo: os discursos sobre espaço urbano. In: SILVA, J. B. da. (Org.). *A cidade e o urbano*: temas para debates. Fortaleza: EUFC, 1997.

DIEGUES, A. C. *Etnoconservação*: novos rumos para a proteção da natureza nos trópicos. São Paulo: Hucitec, 2000.

DINIZ, E.; BOSCHI, R. R. Empresariado e estratégias de desenvolvimento. *Revista Brasileira de Ciências Sociais*, ano 52, n. 18, jun. 2003.

DONAIRE, D. Considerações sobre a variável ecológica, as organizações e o turismo. In: LAGE, B. H. G.; MILONE, P. C. (Org.). *Turismo*: teoria e prática. São Paulo: Atlas, 2000.

DONAIRE, D. *Gestão ambiental na empresa*. São Paulo: Atlas, 1999.

EL-HANI, C. N.; PEREIRA, A. M. Notas sobre a percepção e interpretação em ciência. *Revista USP*, n. 49, (148-159), 3-5, 2001.

EPSTEIN, Isaac. *Teoria da informação*. São Paulo: Ática, 1988.

FLANDRIN, J. L.; MONTANARI, M. *História da alimentação*. São Paulo: Estação Liberdade, 1998.

FONSECA, G. A. B.; PINTO L. P. S. O papel das ONGs. In: LOPES, I. V. et al. (Orgs.). *Gestão ambiental no Brasil*: experiência e sucesso. Rio de Janeiro: FGV, 2001.

GIACOMINI FILHO, G. Atendimento e responsabilidade social como atributos da qualidade do turismo. In: LAGE, B. H. G.; MILONE, P. C. (Org.). *Turismo*: teoria e prática. São Paulo: Atlas, 2000.

GOMES, E. T. A. Nos meandros de algumas políticas para o meio ambiente urbano. In: SILVA, J. B. da. (Org.). *A cidade e o urbano*: temas para debates. Fortaleza: EUFC, 1997.

GONÇALVES, C. W. P. Geografia política e desenvolvimento sustentável. In: *Geografia, política e cidadania*. São Paulo: Terra Livre/AGB, 1996.

HALL, C. M. *Planejamento turístico*. São Paulo: Contexto, 2002.

JACOBI, P. *Cidade e meio ambiente*: percepções e práticas em São Paulo. São Paulo: Annablume, 2001.

LAGO, A.; PÁDUA, J. A. *O que é ecologia*. São Paulo: Brasiliense, 1998.

LAYRARGUES, P. P. *A cortina de fumaça*: o discurso empresarial verde e a ideologia da racionalidade econômica. São Paulo: Annablume, 1998.

LEFF, E. *Ecologia, capital e cultura*: racionalidade ambiental, democracia participativa e desenvolvimento sustentável. Blumenau, Furb, 2000.

LEMENHE, J. A. O. P. Paisagem urbana e utopias. In: SILVA, J. B. da. (Org.). *A cidade e o urbano*: temas para debates. Fortaleza: EUFC, 1997.

LIMA, M. L. Uma formação profissional para a unidade do turismo. *Estratégica* — Revista da Faculdade de Administração Faap e do Faap-MBA, São Paulo, n. 2, p. 58-61, 2001.

MARGULIS, L.; SAGAN, D. *O que é vida?* Rio de Janeiro: Jorge Zahar, 2002.

MARTINEZ, Francisco Juan et al. *Alojamiento turístico rural.* Madrid: Síntesis, s/d.

MORAES, A. C. R. Meio ambiente e ciências humanas. São Paulo: Hucitec, 2002.

MOTTA, F. C. P. *Teoria das organizações*: evolução e crítica. São Paulo: Atlas, 2003.

NOGUEIRA, M. A. Sociedade civil, entre o político-estatal e o universo gerencial. *Revista Brasileira de Ciências Sociais*, ano 52, n. 18, jun. 2003.

RAFFESTIN, C. *Por uma geografia do poder.* São Paulo: Ática, 1993.

ROBÈRT, Karl-Henrik. *The natural step*: a história de uma revolução silenciosa. São Paulo: Cultrix, 2002.

RODRIGUES, A. B. (Org.). *Turismo e ambiente*: reflexões e propostas. São Paulo: Hucitec, 1999.

_____. *Turismo e geografia*: reflexões teóricas e enfoques regionais. São Paulo: Hucitec, 2000.

RODRIGUES, A. M. O meio ambiente urbano: algumas proposições metodológicas sobre a problemática ambiental. In: SILVA, J. B. da. (Org.). *A cidade e o urbano*: temas para debates. Fortaleza: EUFC, 1997.

_____. Produção do espaço e ambiente urbano. In: SPOSITO, M. E. B. (Org.). *Urbanização e cidades*: perspectivas geográficas. Presidente Prudente: FCT-Unesp, 2001.

RODRIGUES, R. R.; LEITÃO FILHO, H. F. *Matas ciliares*: conservação e recuperação. São Paulo: Edusp, 2002.

ROSENBERG, M. T. *Handy geography answer book.* Detroit: Visible Ink, 1999.

SALGADO, F. G. A. Estudo de impacto ambiental: uma avaliação crítica. In: JACOBI, P. R. *Ciência ambiental*: os desafios da interdisciplinaridade. São Paulo: Annablume/Fapesp, 2000.

SANTOS L. G. *Politizar as novas tecnologias*: o impacto sócio-técnico da informação digital e genética. São Paulo: 34, 2003.

SANTOS, M. *A natureza do espaço.* São Paulo: Hucitec, 1996.

_____. *O Brasil*: território e sociedade no início do século XXI. São Paulo: Record, 2001.

SEN, A. A economia da vida e da morte. *Revista Brasileira de Ciências Sociais*, n. 23, ano 8, outubro de 1993. São Paulo: ANPOCS, 1993.

SIMÕES, L. L.; LINO, C. F. *Mata Atlântica*: a exploração de seus recursos florestais. São Paulo: Senac, 2002.

SOUZA, G. de O. C. de. Cidade, meio ambiente e modernidade. In: SPOSITO, M. E. B. (Org.). *Urbanização e cidades*: perspectivas geográficas. Presidente Prudente: FCT-Unesp, 2001.

SOUZA, M. A. A. de. (Org.). *Natureza e sociedade de hoje*: uma leitura geográfica. São Paulo: Hucitec, 2002.

SPOSITO, M. E. B. Sobre o debate entre as questões ambientais e sociais no urbano. In: CARLOS, A. F. A.; LEMOS, A. I. G. de. (Orgs.). *Dilemas urbanos*: novas abordagens sobre a cidade. São Paulo: Contexto, 2003.

UNGER, N. M. (Org.). *Da foz à nascente*: o recado do rio. São Paulo/Campinas: Cortez/Unicamp, 2001.

YÁZIGI, E. *A pequena hotelaria e o entorno municipal*. Guia de montagem e administração. São Paulo: Contexto, 2000.

_____. *A alma do lugar*. São Paulo: Contexto, 2001.

Sites consultados

AGUIAR T. C. *Desenvolvimento sustentável*. 2 ago. 2002. Disponível em: <http://www.vivercidades.org.br/publique/cgi/public/cgilua.exe/web/templates/htm/_template02/view.htm?user=reader&infoid=85&editionsectionid=21>. Acesso em: 1 ago. 2005.

AGUIAR, I. D. A. Europeus impõem restrição ecológica. Exportadores brasileiros podem ser atingidos pela política externa que defende o meio ambiente. *O Estado de S.Paulo*, Comércio Exterior, 27/12/1993. Edição impressa.

ALLEY, R. B. Mudança climática brusca. Temperaturas que despencam 10°C no inverno e secas repentinas que fustigam plantações ao redor do globo não são só sensacionalismo cinematográfico. Transformações drásticas desse tipo já aconteceram no passado — às vezes em poucos anos. *Scientific American Brasil*, ed. n. 31, dez. 2004. Disponível em: <http://www2.uol.com.br/sciam>. Acesso em: 1 ago. 2005.

BARROS, C. J. Vítimas do progresso. Habitantes de áreas alagadas por barragem lutam por seus direitos. *Problemas Brasileiros*, ano XLII, n. 365, set./out. 2004. Disponível em: <http://www.sescsp.org.br/sesc/revistas_sesc/pb/artigo.cfm?Edicao_Id=193&breadcrumb=1&Artigo_ID=3045&IDCategoria=3277&reftype=1>. Acesso em: 1 ago. 2005.

COSTA, A. L. M. C. Silêncio de ensurdecer — A mídia custa a dar voz ao debate científico sobre o aquecimento global. *Carta Capital*, ano X, n. 280, 3 mar. 2004. Disponível em: <http://200.99.133.132/index.php?funcao=exibirMateria&id_materia=1296>. Acesso em: 1 ago. 2005.

CZAPSKI, S. Silêncio de ensurdecer. A mídia custa a dar voz ao debate científico sobre o aquecimento global. *Carta Capital*, ano X, n. 280, 3 mar. 2004. Disponível em: <http://200.99.133.132/index.php?funcao=exibirMateria&id_materia=1296>. Acesso em: 1 ago. 2005.

FRAGA, Érica. Imagem manchada: Brasil é visto como destino turístico perigoso. Governos estrangeiros fazem extensa lista de recomendações a viajantes sobre riscos nas grandes cidades. *Folha de S.Paulo*, 17 out. 2004. Disponível em: <http://www1.folha.uol.com.br/fsp/cotidian/ff1710200416.htm>. Acesso em: 1 ago. 2005.

GALVÃO, A. Projeto da Prefeitura aumenta taxa do lixo. Proposta de pagamento por indústria provoca polêmica: para geógrafa e advogado, valor cobrado deveria ser maior, mas diretor da Fiesp discorda. *O Estado de S. Paulo*, Cidades, 30 out. 1998. Edição impressa.

GUERRERO, Y. "No Brasil sobra energia, mas 12 milhões não têm acesso a ela", afirma Dilma Rousseff. Ministra das Minas e Energia fala sobre a universalização do serviço. *El Pais*, 2 fev. 2005. Disponível em: <http://noticias.uol.com.br/midiaglobal/elpais/2005/02/02/ult581u1213.jhtm>. Acesso em: 1 ago. 2005.

FOLHA ONLINE. Terra já tem quase 6,5 bilhões de habitantes. Fonte: France Presse, Paris, 23 jun. 2005, 16h15. Caderno Mundo. Disponível em: <http://www1.folha.uol.com.br/folha/mundo/ult94u85050.shtml>. Acesso em: 1 ago. 2005.

_____. Demógrafos vão analisar envelhecimento da população mundial. Fonte: France Presse, Paris, 16 jul. 2005, 21h15. Caderno Mundo. Disponível em: <http://www1.folha.uol.com.br/folha/mundo/ult94u85785.shtml>. Acesso em: 1 ago. 2005.

INSTITUTO BRASILEIRO DE DEFESA DO CONSUMIDOR (Idec). Lixo: sociedade precisa produzir menos e reciclar mais. Água e Saneamento, 27 jan. 2003. Disponível em: <http://www.idec.org.br/emacao.asp?id=254>.

JANAINA, L. Iluminação pública é a taxa mais cobrada nos municípios, diz IBGE. *Folha Online*, Cad. Cotidiano, 13 abr. 2005, 10h55. Disponível em: <http://tools.folha.com.br/print?skin=emcimadahora&url=http%3A%2F%2Fwww1.folha.uol.com.br%2Ffolha%2Fcotidiano%2Fult95u107874.shtml>. Acesso em: 1 ago. 2005.

JORNAL DO COMMERCIO. Mangues são usados como depósito de lixo. Restos de construção e resíduos domésticos estão sendo jogados nos mangues de Boa Viagem e Santo Amaro. Segundo pesquisadores, poluição reduz o oxigênio na água, ameaçando a fauna. Cad. Ciência e Meio Ambiente, Recife, 13 mai. 2005. Disponível em: <http://jc.uol.com.br/jornal/2005/05/13/not_136877.php>. Acesso em: 1 ago. 2005.

LAGE, J. Queimadas e desertificação avançam em todo o país, diz IBGE. *Folha Online*, Cad. Cotidiano, 4 nov. 2004. Disponível em: <http://www1.folha.uol.com.br/folha/cotidiano/ult95u101491.shtml>. Acesso em: 1 ago. 2005.

MACIEL, R. C. G. *Ilhas de alta produtividade:* inovação essencial para a manutenção do seringueiro nas reservas extrativistas. 2003. Dissertação — Unicamp, Campinas. Disponível em: <http—www.eco.unicamp.br-nea-gestao_ambiental-dissertacoesteses-Dissertacao_Raimundo_Claudio.pdf>. Acesso em: 1 ago. 2005.

MARANDOLA JR., E.; HOGAN, D. J. O risco em perspectiva: tendências e abordagens. In: II ENCONTRO DA ASSOCIAÇÃO NACIONAL DE PÓS-GRADUAÇÃO E PESQUISA EM AMBIENTE E SOCIEDADE — ANPPAS, 26 a 29 de maio de 2004, Indaiatuba, São Paulo. *Anais eletrônicos.* Disponível em: <http://www.anppas.org.br/encontro/segundo/Papers/GT/GT09/Eduardo%20e%20Daniel.pdf>. Acesso em: 1 ago. 2005.

TUFFANI, Maurício. Mau exemplo de São Paulo: projetos ameaçam águas de metrópoles brasileiras. *Galileu*, ed. 133, ago. 2002. Disponível em: <http://revistagalileu.globo.com/Galileu/0,6993,ECT352989-1939,00.html>. Acesso em: 1 ago. 2005.

MEDAGLIA, T. Tietê: o Rio que insiste em viver. *Revista Terra,* ano 13, ed. 159, jul. 2005. <http://www2.uol.com.br/caminhosdaterra/reportagens/ 159_tiete.shtml>. Acesso em: 1 ago. 2005.

MEIO AMBIENTE INDUSTRIAL. São Paulo, ano X, n. 55, maio-jun. 2005 (edição especial em homenagem à marca histórica das 2000 certificações em conformidade com a norma ISO 14001). Disponível em: <www.meioambiente industrial.com.br>.

MENDONÇA, F. Geografia socioambiental. *Terra Livre São Paulo,* n. 16, p. 139-158, 1º semestre/2001. Disponível em: <http://www.cibergeo.org/agbnacional/ terralivre16/terralivre16artigo6.pdf>. Acesso em: 1 ago. 2005.

OLIVEIRA, E.; CORRÊA, H. Ação humana destrói ciclo natural do Pantanal, diz Embrapa. Fonte: Agência Folha, *Folha Online,* Cad. Ciência, 9 ago. 2005, 10h23. <http://www1.folha.uol.com.br/folha/ciencia/ult306u13576.shtml>. Acesso em: 1 ago. 2005.

PACHECO, P. Sol, mar e lucro. Depois de superdimensionar o mercado paulistano, as redes hoteleiras elegem o Nordeste como destino de investimentos nos próximos anos. *Carta Capital,* ano X, n. 290, São Paulo,12 maio 2004. Disponível em: <http://200.99.133.132/index.php?funcao=exibirMateria&id_materia =1471>. Acesso em: 1 ago. 2005.

ROSENBERG, M. T. Deserts. *About.com,* 2005. Disponível em: <http:// geography.about.com/library/weekly/aa112299.htm>. Acesso em: 1 ago. 2005.

_____. Global Problems and Issues. *About.com,* 2005. Disponível em: <http:// geography.about.com/od/globalproblemsandissues>. Acesso em: 1 ago. 2005.

SAKAMOTO, L. Ocupação irregular e interferências ameaçam futuro da região – Pantanal. *Problemas Brasileiros,* ano 40, n. 354, nov./dez. 2002. Disponível em: <http://www.sescsp.org.br/sesc/revistas_sesc/pb/ artigo.cfm?Edicao_Id=135&breadcrumb=1&Artigo_ID= 1969&IDCategoria=2026&reftype=1>. Acesso em: 1 ago. 2005.

SANTORO, P. F. Avaliar o impacto de grandes empreendimentos. A prefeitura pode exigir diferentes estudos de impactos para decidir se aprova, ou não, a implantação de um grande empreendimento e, quando for o caso, exigir ações compensatórias. *Boletim Dicas,* n. 203, 2003. Disponível em: <http:// www.polis.org.br/download/arquivo_boletim_53.pdf>. Acesso em: 1 ago. 2005.

SOUZA, Bartolomeu I. de; SILANS, Alain M. B. P. de; SANTOS, José B. dos. Contribuição ao estudo da desertificação na Bacia do Taperoá. *Rev. bras. eng. agríc. ambient.* [online], maio/dez., 2004, vol. 8, n. 2-3 [citado 9 agosto 2005], p. 292-298. Disponível em: <http://www.scielo.br/scielo.php?script=sci_arttext&pid=S1415-43662004000200019& 3 mar. 2004, lng=pt&nrm=iso>. ISSN 1415-4366. Acesso em: 1 ago. 2005.

TEIXEIRA, J. L.; ZIONI, C. Futuro ameaçado. Vem aí a cobrança pelo uso da água. Será o fim do desperdício? *Problemas Brasileiros*, São Paulo, Sesc/Senac, ano XXXVIII, n. 338, mar./abr. 2000. Disponível em: <http://www.sescsp.org.br/sesc/revistas_sesc/pb/artigo.cfm?Edicao_Id=76&breadcrumb=1&Artigo_ID=755&IDCategoria=938&reftype=1>. Acesso em: 1 ago. 2005.

TREVISAN, C. Vilas são experiência de autogestão chinesa. ÁSIA — Pequenos agrupamentos rurais sem representação política no Legislativo tomam decisões em comitês eleitos internamente. *Folha de S. Paulo*, 5 set. 2004. Disponível em: <http://www1.folha.uol.com.br/fsp/mundo/ft0509200419.htm>. Acesso em: 1 ago. 2005.

VIVEIROS, M. Ilhas de calor afastam chuva de represas. Regiões mais quentes de SP concentram precipitação e consomem umidade, que não consegue chegar às áreas de mananciais. *Folha de S. Paulo*, Cad. Ambiente, 15 fev. 2004. Disponível em: <http://www1.folha.uol.com.br/fsp/cotidian/ff1502200401.htm>. Acesso em: 1 ago. 2005.

WEISSHEIMER, M. A. Alerta da ONU — Número de favelados no mundo pode triplicar em 45 anos. Três bilhões de pessoas poderão estar vivendo em favelas, caso não haja um significativo aumento de investimentos públicos em habitação, diz um estudo da ONU. Políticas macroeconômicas são incompatíveis com as Metas do Milênio. *Agência Carta Maior*, Direitos Humanos, 7 abr. 2005. Disponível em: <http://agenciacartamaior.uol.com.br/agencia.asp?id=2966&coluna=reportagens>. Acesso em: 1 ago. 2005.

YOUNES, R. Medicamentos contaminam a água. Pesquisas feitas na Europa revelam que princípios ativos de remédios ameaçam ecossistemas e fluem das torneiras domésticas. No Brasil, o problema pode ser ainda mais grave. *Carta Capital*, São Paulo, ano XI, n. 353, 3 ago. 2005. Disponível em: <http://200.99.133.132/index.php?funcao=exibirMateria&id_materia=2570>. Acesso em: 1 ago. 2005.

2

Arquitetura do Hotel Moderno

Jorge Ricca Junior

Este texto pretende oferecer uma visão sobre o projeto de hotéis do ponto de vista do arquiteto e dar referências a estudantes, pesquisadores e profissionais que participam da concepção, estudo, projeto e construção de hotéis. Para tanto, ele foi organizado em quatro partes. A primeira estabelece três marcos da história da hotelaria moderna: a inauguração do Ritz, de Paris, em 1898, do Hyatt, de Atlanta, e do Novotel, de Lylle, ambos em 1967. A segunda focaliza o programa do hotel e o dimensionamento de quatro de seus principais ambientes. A terceira mostra exemplares de projetos realizados de cada tipo de hotel. E a quarta aborda o problema da localização urbana e da requalificação dos centros urbanos.

Os conceitos básicos de *forma* e *programa* são necessários para entendermos o significado do projeto de arquitetura. Forma é "a configuração dada à matéria com a finalidade de obter um objeto individualizado" (Colin, 2000, p. 51-52). A forma de um edifício é aquilo que se apresenta aos sentidos imediatamente, antes de qualquer reflexão, aquilo que podemos ver e tocar: sua silhueta, massa, cor, textura, luz e sombra, cheios e vazios. Podemos ver um edifício *de fora*, observar suas relações com o meio ambiente, ou *de dentro*, considerando-o em relação à escala humana. A forma associa-se aos materiais (pedra, madeira, aço, concreto) e à técnica, e resulta em objetos distintos, como um bangalô de madeira ou um arranha-céu de vidro.

O programa, por sua vez, está associado à função do edifício. As funções de um hospital, hotel, escola, museu de arte ou residência são diferentes, e os ambientes que constituem tais edifícios também são diferentes, para cumprirem a função. Por exemplo, os ambientes (os "cômodos") de uma residência são a sala, cozinha, dormitórios, banheiros, área de serviço etc., enquanto os de um museu de arte são os salões de exposições, escritórios, reserva técnica, sanitários, bilheteria, chapelaria, lanchonete etc. Assim, os ambientes de um hotel são o *lobby*, restaurante, auditório, salões de eventos, cozinha, bar, piscinas, apartamentos, escritórios, depósitos etc. O conjunto dos ambientes é o *programa* do edifício.

O projeto de arquitetura é um momento crucial do processo de realização do hotel, porque materializa a concepção de hotel, originada no coração e no cérebro do empresário. Só o projeto pode dar forma ao programa, o que basta para colocá-lo no centro da atenção e da energia do hoteleiro. Essa é a hipótese.

O grande arquiteto brasileiro Lúcio Costa definiu a arquitetura como "construção concebida com a intenção de organizar plasticamente o espaço, em função de uma determinada época, um determinado meio, uma determinada técnica e um determinado programa" (Costa, 1995, p. 246) Intenção plástica, portanto, é o que distingue a arquitetura da simples construção. Arquitetura é arte plástica, e nos vários problemas enfrentados pelo arquiteto, da concepção do projeto à conclusão da obra, sempre há uma margem de escolha entre os limites determinados pelo meio físico e social, pela técnica e pelo programa. E, nessa escolha, o arquiteto chega à forma apropriada, em que cada detalhe existe em função da unidade final da obra idealizada.

O meio físico é a paisagem natural ou urbana, que condiciona a implantação do edifício em face do sol, dos ventos, das percepções visuais, e do terreno, com suas dimensões, geometria e topografia. Já o meio social exerce outro tipo de influência sobre a arquitetura, medida pela qualificação do operário no canteiro. Aqui podemos pensar no operário europeu, treinado no ofício, muitas vezes transmitido de pai para filho, e no peão brasileiro, recém-saído de suas raízes rurais. A técnica e os materiais também exercem influência decisiva.

Durante séculos, a técnica construtiva baseou-se na alvenaria de blocos de pedra ou tijolos, que estruturava o edifício e lhe dava um aspecto visual pesado, de poucas janelas. Nos séculos XIX e XX, a invenção da estrutura metálica e do concreto armado permitiu separar estrutura e parede e elevar arranha-céus de fachadas de vidro. Já o programa muda em função da transformação da sociedade, que exige novas funções dos edifícios para realizar suas atividades vitais. No século XIX, por exemplo, a nova civilização burguesa, fruto da revolução industrial, demandou novos programas e edifícios — fábricas, estações de trem, hotéis, pavilhões de exposição, grandes lojas — dada a transformação da produção, do modo de locomoção, da forma de hospedagem e das trocas mercantis.

A obra de arquitetura é a expressão plástica de realidades históricas, sociais e físicas. O arquiteto a concebe como síntese dos dados da realidade. O projeto de arquitetura é o veículo de comunicação entre o autor do projeto e os técnicos do canteiro. Por meio do projeto, o arquiteto apresenta ao cliente sua contribuição fundamental.

Três Momentos Históricos: Ritz Paris, Hyatt Atlanta, Novotel Lylle

Abrigar e alimentar foram as funções tradicionais da hospedagem, desde a Antigüidade. Quarto e cozinha eram os ambientes principais das diversas formas históricas da hospedagem. Na Idade Média, por exemplo, o povo hospedava-se nas estalagens e mosteiros, e a nobreza, nos castelos e fortalezas. O renome do estabelecimento repousava na qualidade do quarto e do salão de refeições.

O primeiro *restaurante* foi aberto em Paris, em 1765. Com sopas e caldos leves, pretendia ajudar os parisienses a se recuperarem de indisposições. Após a Revolução, com a fuga dos aristocratas, muitos *chefs* de cozinha ficaram sem emprego e criaram restaurantes de *menu* completo, diferenciando-se das velhas *tables d'hôte* (mesas para hóspedes) das estalagens e tabernas. Serviam jantares sofisticados em pratos sucessivos, da entrada à sobremesa. No século XIX, era maravilhoso jantar em Paris, em restaurantes como o *Rocher de Cancale*, freqüentado por Balzac.[1] Não tardou e alguns desses restaurantes transferiram-se para dentro dos melhores hotéis.

As ferrovias ligaram as grandes cidades da Europa, no século XIX, e as viagens tornaram-se muito mais freqüentes. Stendhal cunhou o termo *turista* para designar aquele que fazia o *tour* pelas cidades européias e se hospedava no *Grand Hotel*, tão típico desse século. Gilberto Freyre disse que o Grande Hotel foi o símbolo do século XIX, assim como a Catedral foi o símbolo da Idade Média. O Grande Hotel está

---

1 Ver artigo do historiador norte-americano Robert Darnton, Caderno Mais, *Folha de S. Paulo*, 6 fev. 2005.

sempre localizado no centro da cidade, próximo à estação ferroviária, a "porta" de entrada da cidade industrial. Turistas e negociantes chegavam fácil e rapidamente ao hotel nos tílburis e carruagens, os táxis da época. O Grande Hotel era um lugar de intensa vida social e, em seus salões, os viajantes tratavam de ócio e negócios.

Em um palacete no centro de Paris, o hoteleiro suíço César Ritz abriu seu hotel, era 1898. O luxuoso Hotel Ritz inaugurou uma importante novidade: cada um dos seus 173 quartos tinha banheiro privativo, coisa inexistente até nos mais caros hotéis da época. O Ritz concebeu seu "hotel ideal", focalizando os ambientes essenciais da hotelaria tradicional: o quarto, agora designado *apartamento* com o acréscimo do banheiro, e o restaurante, chefiado pelo legendário Auguste Escoffier.

O Ritz não inovou o programa, e nem poderia fazê-lo, pois a transformação do programa dos hotéis depende de transformações sociais que ainda não estavam maduras. Ambientes, como a piscina ou salão de eventos, só mais tarde adentrariam os hotéis. O Ritz tampouco inovou a forma arquitetônica, pois se instalou no antigo palacete número 15 da Praça Vendôme, construída a partir de 1698. Nas fachadas de desenho e materiais homogêneos, a bela praça apresenta notável unidade arquitetônica e mantém-se praticamente intacta até hoje. Cada salão do Ritz, com mobília do tempo de Luís XV e XVI, espelhos, tapeçarias e lustres de bronze, cumpria uma função especial: sala de estar, sala de música, sala de leitura, salão de refeições, sala para fumar.

No correr dos anos, o Ritz foi reformado para adequar seu programa a novas realidades. Os enormes banheiros originais conservam-se até hoje, mas novos ambientes integram o programa do hotel, como piscina, salas de ginástica e de massagem, centro de beleza e escola culinária. O Ritz levou a hotelaria à perfeição e estabeleceu o modelo para os melhores hotéis da Europa e da América. Durante décadas representou o que de melhor poderia existir não só na hospedagem, mas também no estilo de vida, cantado por Fred Astaire em *Putting on the Ritz*.[2] Na história da hotelaria moderna, o Ritz de Paris significou o apogeu da hotelaria européia da *Belle Époque*, nos anos anteriores à Primeira Guerra Mundial.

Setenta anos depois da inauguração do Ritz de Paris, o projeto de hotéis ensaiou nova transformação, decorrente das novas condições sociais. Em 1964, Jay Pritzker, dono da rede de hotéis Hyatt, decidiu construir um hotel em Atlanta, nos

---

2 http://www.ritzparis.com/.

Estados Unidos da América, com projeto do arquiteto John Portman. Pritzker nasceu em Chicago, cidade de notável tradição arquitetônica, com edifícios de arquitetos como Louis Sullivan, Frank Lloyd Wright e Mies van der Rohe. Tinha aguçada sensibilidade para a arquitetura, decorrente do ambiente de Chicago, e tal interesse pela arte que, em 1979, instituiria o Prêmio Pritzker de Arquitetura, espécie de Nobel da arquitetura.

Em 1967, Pritzker inaugurou o Hyatt Regency Atlanta, com 800 apartamentos, dentro do Atlanta Peachtree Center, um conjunto arquitetônico localizado no centro da cidade. A forma do edifício era nova. O *lobby* do hotel tem pé direito (distância entre piso e teto) altíssimo — como as catedrais góticas — balcões, espelhos d'água, esculturas e elevadores panorâmicos para o restaurante giratório no topo do edifício, tudo iluminado de maneira feérica. O *lobby* do Hyatt Regency Atlanta parece uma grande praça, que reproduz o movimento da multidão nas ruas. As palavras de seu filho, Thomas Pritzker, revelam o impacto da nova forma arquitetônica do hotel:

> Seu *lobby* de grande altura foi muito bem-sucedido e tornou-se a marca e assinatura dos nossos hotéis em todo o mundo. Imediatamente, ficou evidente que esse projeto influenciava a atitude dos nossos hóspedes e funcionários. Nosso trabalho de projetar e construir hotéis nos deu a consciência do impacto da arquitetura no comportamento humano.[3]

A nova forma, exibida pelo Hyatt Atlanta, corresponde a uma alteração do programa dos hotéis. Após a Segunda Guerra Mundial, o desenvolvimento da economia mundial acelerou-se. O uso do avião a jato em viagens transatlânticas e o desenvolvimento dos sistemas de comunicação e transporte incrementaram o turismo internacional. Na década de 1950, ocorreu um *boom* de construção de hotéis nos EUA, Canadá e Europa Ocidental, e redes hoteleiras se formaram. Grandes eventos — convenções dos partidos Democrata e Republicano, congressos de empresas, encontros de igrejas — começaram a acontecer dentro dos hotéis, nos Estados Unidos. O projeto passou então a prever grandes ambientes, com equipamentos especiais de iluminação, som e climatização. Os arranha-céus de aço e vidro expressam a nova etapa do desenvolvimento econômico do após-Guerra. A incrí-

---

3 www.hyatt.com e www.pritzkerprize.com.

vel altura dos edifícios representava a ascensão econômica das corporações multinacionais. A transformação cultural alterou a concepção e o projeto dos hotéis.

Ainda em 1967, dois franceses fundaram uma empresa, a *Novotel*, que promoveu uma importante mudança na hotelaria européia. Paul Dubrule estudou administração em Genebra, visitou os EUA durante dois anos e se impressionou com a simplicidade, conforto e eficiência dos hotéis de redes como a Holiday Inn, que contrastavam com os hotéis da França, geridos como velhas hospedarias. Gerard Pélisson, pós-graduado em administração industrial no Massachusetts Institute of Technology, nos Estados Unidos, era gerente da IBM na França. Construíram o primeiro hotel da empresa em Lylle, com um conceito simples, mas inovador, uma espécie de "ovo de Colombo" para a Europa.

O Novotel foi construído na periferia de Lylle, à beira da estrada, no caminho do aeroporto, onde não existia qualquer outro hotel e o terreno era mais barato que no centro da cidade. Tem 60 apartamentos, distribuídos em dois andares, sem elevador. O apartamento espaçoso, com banheiro privativo, bem iluminado, com ótimo isolamento acústico e cercado por densa vegetação, podia funcionar como escritório, o que agradou à clientela do hotel, constituída em boa parte de executivos. No hotel, havia ainda ambientes para reuniões e lazer. O Novotel de Lylle representa uma nova concepção na hotelaria européia. Antes, com raras exceções, havia hotéis de luxo ou pensões e pousadas desatualizadas. A faixa intermediária, de hotéis de padrão médio, era desprezada.[4] A filosofia da empresa e o conceito do hotel idealizado por Dubrule e Pélisson foram brilhantemente interpretados pelo projeto de arquitetura.

O projeto contém um conjunto de padrões fáceis de reproduzir. O modelo Novotel atendeu às novas realidades, como a massificação do automóvel e do turismo. A produção em série, na indústria automobilística, iniciada por Henry Ford, levou o automóvel às classes médias. Os sindicatos de trabalhadores conquistaram melhorias salariais e redução da jornada de trabalho. Com mais renda e tempo, as classes médias puderam viajar mais.

O Novotel inovou também na localização. Graças à flexibilidade do automóvel, o hoteleiro podia agora escolher sua localização segundo novos critérios.

---

4   www.accor.com.br/noticias/Def0202.pdf. Ver ainda *O Grupo Accor no Brasil*, junho de 2002, escrito pelos professores Élson Ferreira e Haroldo Brasil, da Fundação Dom Cabral, www.fdc.org.br.

Não precisava mais situar o hotel no centro da cidade, perto da estação de trem, como ocorria com o *Grand Hotel* do século XIX. Ao contrário do trem, o automóvel alcança toda a cidade e permite a dispersão da localização hoteleira. O acerto do conceito e do projeto do Novotel foi tamanho que originou o poderoso Grupo Accor.

Quatro Ambientes: *Lobby*, Restaurante, Eventos e Apartamento

As novas condições sociais da modernidade exigiram a transformação do programa dos hotéis, que assumiram novas funções e incorporaram novos ambientes ao seu programa, como salões de eventos, *business center*, piscina, sala de ginástica, spa etc. — fato recente na história da arquitetura do hotel. O programa do hotel contemporâneo pode ser dividido em sete "áreas": *Hospedagem* (apartamentos, corredor, *hall* e demais ambientes do andar); *Social* (*lobby*, bar, restaurante, salão de eventos, loja etc.); *Administrativa* (gerência, contabilidade, reservas etc.); *Serviço* (lavanderia, vestiários, refeitório, depósitos etc.); *Alimentos e Bebidas* (cozinhas, recebimento, câmaras frigoríficas etc.); *Equipamentos* (caldeira, ar-condicionado, gerador etc.) e *Recreativa* (piscina, sala de jogos, quadras etc.) (Andrade, 2001, p. 91).

O *lobby* ganhou novo significado e caráter quando os grandes eventos adentraram os hotéis. Ele passou a articular os ambientes sociais, como restaurantes, bares, lojas e salões de eventos. O Hyatt Atlanta, projetado por John Portman,[5] sintetizou a transformação. A comparação entre os *lobbies* do Hyatt Atlanta e o do Ritz Paris revelam o novo caráter. No Ritz, há diversas salas e salões, com funções especiais — recepção, estar, música etc.; e no Hyatt, um único ambiente multifuncional, monumental, funcionando como passagem para o *ballroom*, bares e restaurantes. O *lobby* expressa a imagem do hotel, tem também essa função simbólica, que resume a idéia do hotel. Para cumprir essas funções, a escolha dos materiais é fundamental e pode transmitir a cultura local. A pintura e a escultura podem integrar sua arquitetura. A iluminação, natural ou artificial, trabalha com a cor e textu-

---

5 www.portmanusa.com mostra a obra da John Portman & Associates Inc., autores de diversos hotéis, como Hyatt Regency O'Hare, Chicago (1969), Hyatt Regency San Francisco (1973) e The Westin Bonaventure Los Angeles.

ra dos materiais. Seu dimensionamento depende do número de apartamentos e do padrão do hotel e varia de 0,5 m² a 1,5 m² por apartamento (Andrade, 2001, p. 55, 56, 119 e 200).

O restaurante é outro ambiente essencial da arquitetura do hotel. Há um método útil para dimensionar o salão, em quatro passos. Primeiro, calcula-se a população do hotel. No hotel de cidade, o número médio é de 1,2 pessoa por apartamento; no hotel de lazer, é de duas pessoas. Segundo, a taxa média de ocupação é de 70%. Terceiro, estima-se que um terço dessa população ocupará o salão ao mesmo tempo. E, quarto, a área do salão varia de 1,2 a 1,8 m² por assento (Andrade, 2001, p. 220 e 221). Esse método nos dá uma noção da metragem do salão do restaurante com rapidez. Vejamos o exemplo de um hotel de lazer de luxo, com 450 apartamentos. Primeiro, a população total do hotel é de 900 pessoas (duas por apartamento). Segundo, multiplico por 0,7 e chego a 630 pessoas. Terceiro, 210 pessoas ocuparão o salão ao mesmo tempo (1/3 da população). E, quarto, a área estimada do salão será de 378 m² (1,8 m² por assento, em hotel de luxo). A metragem do salão nos dá a noção do custo da sua construção. Quanto à área da cozinha, podemos estimá-la em 30% da área do salão, nesse exemplo, 113,4 m².

O setor de eventos engloba diversos ambientes, como o salão de banquete, salas de reunião, auditório, cinema. David Tuch observou cerca de dois mil hotéis no mundo e fixou regras básicas de dimensionamento desses ambientes.[6] Por exemplo, um salão de recepção para 600 pessoas precisa de cerca de 420 m² (0,7 m²/pessoa). Um salão de banquete para mil pessoas precisa de 900 m² (0,9 m²/pessoa). O Auditório Casablanca, do Gran Meliá São Paulo, de 540 lugares, tem cerca de 648 m² de platéia (1,2 m²/lugar). A concepção do hotel, de acordo com seu público-alvo, vocação e localização, determina o "peso" da área de eventos no programa. Como comparação, tomemos dois exemplos extremos. O Hotel Carimã, em Foz do Iguaçu, tem 418 apartamentos e área de eventos de 4.497 m², o que dá um índice de 10,75 m² por apartamento. Já o Meridien Copacabana, com 496 apartamentos, tem apenas 888 m² de área destinada a eventos, o que resulta em 1,79 m² por apartamento. Os números indicam a verdadeira vocação de cada hotel (Andrade, 2001, p. 224).

---

6 CADERNOS cita TUCH, DAVID L. *Apostilas de administração hoteleira do Senac São Paulo.*

Le Méridien Bora Bora. Área de hospedagem espalhada pelo mar.

Freqüentemente, o arquiteto começa o projeto pela área de hospedagem, porque ela representa 60% a 85% da área construída total do hotel. O apartamento-tipo se repete dezenas ou centenas de vezes, e cada detalhe — dimensões, aberturas, revestimentos, mobília, equipamentos, luminárias, metais etc. — significa muito na economia geral do empreendimento. O projeto exaustivamente pensado é fundamental para o destino do hotel, porque o apartamento é a razão do hotel e sua maior fonte de receita. Em geral, e excetuando-se suítes de grandes dimensões, o apartamento compõe-se do vestíbulo, banheiro, quarto e, às vezes, sacada. Os melhores projetos posicionam os banheiros aos pares, parede com parede, unidos pelo *shaft*, poço que concentra as prumadas de água, esgoto, energia etc. O acesso ao *shaft*, para reparos na tubulação, pode se dar pelo corredor, para não incomodar o hóspede.

O projeto do apartamento baliza-se por alguns parâmetros. Usualmente, a largura suficiente do quarto é de cerca de 3,80 metros, onde cabem confortavelmente a cama (dois metros de comprimento), a bancada (0,60 metro) e passagem (1,20 metro). Largura maior não aumentará o conforto e apenas significará menos apartamentos de frente (para a rua ou praia) e fachada mais extensa e mais cara. Além disso, essa largura padrão de apartamento coincide com uma modulação razoável dos pilares e vigas da estrutura. Quanto ao comprimento, uma medida muito usada é a de cerca de 5,50 metros. Se o hoteleiro desejar aumentar a área do quarto, é possível alterar o comprimento e aumentar o conforto, com o acréscimo de mobília ou equipamento, como poltrona, outra cama ou estação de trabalho (Andrade, 2001, p. 56, 92, 95, 98, 108-117, 199 e 201).

O tamanho da área de hospedagem nos dá uma noção da área construída total e, por conseguinte, do custo de construção do hotel. Para tanto, é preciso saber o número de apartamentos e o padrão do hotel, e lembrar que a área de hospedagem representa 60% a 85% da área total. Por exemplo, o estudo de viabilidade indica que o hotel terá 400 apartamentos e padrão superior. A área de hospedagem será de 20 mil m², em média (50 m²/apartamento e 67,5% da área total). Como conseqüência, a área construída total pode ser estimada em 29.630 m², em média (Andrade, 2001, p. 199 e 200).

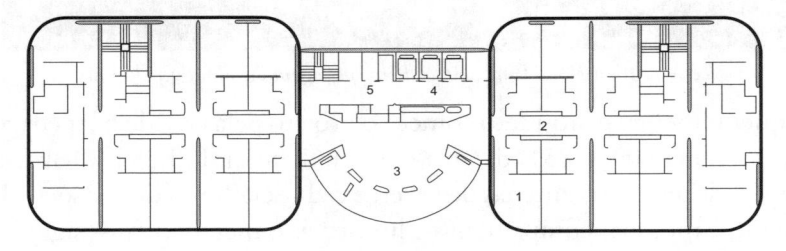

Hotel Renaissance, São Paulo. Planta do andar – tipo de hospedagem. Arquiteto Ruy Ohtake.

Objetivamente, o projeto de arquitetura é um conjunto de desenhos (plantas, cortes e fachadas), que é o produto final do trabalho do arquiteto, apresentado ao cliente. O desenho de arquitetura é uma linguagem codificada, elaborado em escala adequada e destinado ao construtor, no canteiro. A raiz da palavra *desenho* confunde-se com a da palavra *desejo*. Se desejo construir um hotel, necessito desenhar esse hotel, projetá-lo. Esse é o trabalho do arquiteto, capaz de interpretar e realizar o desejo de construir.

O arquiteto deve interpretar os desejos de dois "clientes". Um, o hoteleiro, é um interlocutor definido, que deve saber qual é o tipo do hotel e a quem ele se destina. O outro, o hóspede genérico, com suas expectativas, e com quem o diálogo é improvável (a não ser pela pesquisa). O que sabemos é que o hóspede não tolera no hotel o que toleraria em sua casa, como um chuveiro ou a má iluminação do quarto. Eis porque os detalhes são muito importantes e devem ser resolvidos no projeto.

O projeto é uma espécie de laboratório, que antecipa problemas e busca resolvê-los antes. "Projetar é construir no papel", dizia um velho professor. E a qualidade do projeto influencia a qualidade do serviço e a atitude dos funcionários. A operação e a manutenção do hotel dependem do projeto. O hotel é um edifício complexo. É, ao mesmo tempo e durante 24 horas por dia, habitação, comércio, serviço e indústria. O arquiteto trabalha para fazer desse programa complexo um edifício útil, firme e belo, como queriam os antigos.

Projetos Realizados

O Instituto Brasileiro de Turismo (Embratur) classifica os hotéis brasileiros em quatro tipos.[7] O *hotel de cidade* normalmente é um edifício vertical (mais de três andares), voltado para executivos e turistas. Gran Meliá WTC São Paulo, Hotel Fasano, em São Paulo, e Méridien Copacabana, no Rio de Janeiro, são exemplos desse tipo. O *hotel histórico*, instalado em prédio tombado pelo Instituto do Patrimônio Histórico e Artístico Nacional (Iphan), tem programa restrito à hospedagem, normalmente, dada a dificuldade de adaptar prédios muito antigos ao programa contemporâneo. A Pousada do Mondego, em Ouro Preto, e o Park Hotel São Clemente, em Nova Friburgo, Rio de Janeiro, exemplificam esse segundo tipo. O *hotel de lazer*, geralmente localizado fora da cidade, em edifício horizontal (até três andares), destina-se a turistas em busca de lazer e recreação. Seus ambientes principais são as piscinas, salas de jogos, quadras de esportes, hípica, marina, campo de golfe etc. O Sofitel Costa do Sauípe, na Bahia, o Grande Hotel e Termas de Araxá, em Minas Gerais, e o Resort Jequitimar, em construção no Guarujá, São Paulo, exemplificam esse tipo. A *pousada*, normalmente um edifício horizontal com programa restrito à hospedagem, é o quarto tipo, exemplificado pela Pousada Ponta do Leste, em Angra dos Reis, Rio de Janeiro, e a Pousada da Ilha de Silves, na Floresta Amazônica.

Na descrição dos hotéis citados, o Hotel Gran Meliá World Trade Center São Paulo, localizado na Avenida das Nações Unidas, em São Paulo, integra um conjunto arquitetônico composto pelo hotel, um edifício de escritórios e um centro de *design* e decoração. Tem 300 apartamentos, incluindo as suítes do *serviço*

---

7   ANDRADE, 2001, p. 45. Deliberação Normativa 367, de 23/11/1996. Existe outra, instituída pela Deliberação 429, de 23/4/2002.

real nos quatro últimos andares; dois restaurantes (um deles, o Goya, para 200 pessoas) e *lobby* bar; centro de convenções de 6.500 m², com 30 salas, auditório de 540 lugares e *ballroom* para 1.200 pessoas; *business center*, com sete salas de reunião para até dez pessoas; piscinas. Está situado em frente ao Rio Pinheiros, em uma área que concentra sedes empresariais e institucionais importantes, como o BankBoston, Rede Globo, Nestlé, Pfizer, Philips, Câmara de Comércio Brasil–Estados Unidos etc.

O Méridien Copacabana, na Avenida Atlântica, é outro típico hotel de cidade. Ele Possui 496 apartamentos, dois restaurantes, três bares, 888 m² de área para eventos e piscina. O Restaurante Saint-Honoré, situado no topo do edifício, no 37º andar, debruça-se sobre a paisagem magnífica. O contraste entre o Gran Meliá São Paulo e o Méridien Copacabana se deve à situação urbana, não à arquitetura: o primeiro está diante de um rio e avenida expressa; o outro, em meio ao mar e as montanhas.

Le Méridien. Copacabana. Avenida Atlântica, Rio de Janeiro.

O Fasano Hotel e Restaurante, nos Jardins, em São Paulo, é outro hotel de cidade. Projetado por Márcio Kogan (arquitetura) e Isay Weinfeld (interiores), tem dois restaurantes, dois bares, área de convenções, salas de ginástica e massagem, piscina, e 64 apartamentos, distribuídos em 19 andares. A base da torre é uma caixa de madeira de três pisos, onde estão a administração e a área de convenções. A torre tem 23 andares. No primeiro andar, o Restaurante Nonno Ruggero usa a cobertura da caixa de madeira como terraço. Seguem-se 14 andares, com quatro apartamentos por andar; mais três andares, com dois apartamentos por andar, e mais dois andares, com uma suíte por andar. As salas de ginástica, massagem e piscina estão nos três últimos andares.

A arquitetura do edifício é sofisticada, com diferentes texturas. Madeira, na base; pedra, nas extremidades da torre e no volume anexo do Restaurante Fasano; tijolo da Inglaterra na parte central da torre e massa nas laterais e no fundo. Caixilhos de alumínio simulam janelas de madeira. O projeto mescla elementos clássicos (plantas simétricas, volumes compactos e pequenos vãos, forte relação do edifício com a rua) e modernos (curvas, marquises, pestanas, ausência de ornamentos). Sua forma nostálgica lembra antigos edifícios *art déco* de Nova York, a torre coroada pelo relógio. O projeto foi exaustivamente detalhado, do desenho das plaquinhas de sinalização aos botões de campainha. No térreo, em vez da recepção, o primeiro ambiente com que o cliente se depara é o bar de pé direito duplo. Segundo Kogan, "nenhum consultor de hotelaria aprovaria, mas ficou excepcional".[8]

A Pousada do Mondego, em Ouro Preto, instalada em um solar do século XVIII, é um exemplo de hotel histórico. Está localizada no largo da Igreja de São Francisco de Assis, do Aleijadinho, no coração da cidade tombada pela Unesco como patrimônio cultural da humanidade. Tem 24 apartamentos confortáveis e bem equipados, com mobília antiga estilizada, e salão para reuniões, lojas, bar e restaurante. Sua forma é típica do solar das famílias ricas mineiras, da época colonial: dois andares e 13 janelas de balcão no sobrado.

Para instalar um hotel luxuoso em um edifício programado originalmente como residência, foram necessárias obras de adaptação: construção de banheiros, cozinha, instalações elétricas e hidráulicas. Em imóvel protegido por lei federal, as obras limitaram-se aos ambientes internos, pois é impossível intervir no volume externo, senão apenas com o sentido de restaurar portas, janelas e muros. A Pousada do Mondego é dos mais caros hotéis de Ouro Preto.[9]

---

8   www.arcoweb.com/arquitetura/arquitetura461.asp, texto de Fernando Serapião.
9   www.mondego.com.br. Hotel de charme de 1994, pelo Guia Brasil 4 Rodas.

Pousada do Mondego, em Ouro Preto, MG.

O Park Hotel São Clemente, em Nova Friburgo, projeto de Lúcio Costa para César Guinle, em 1940, é outro exemplar de hotel histórico. Sua forma incorpora a linguagem típica do Movimento Moderno, do qual Lúcio foi um expoente. Combina materiais rústicos, como pedra e madeira aparentes, e industrializados, como vidro, para criar um belo edifício, reconhecido como patrimônio histórico do país. No térreo, tem varanda, salas de estar, de refeições e de jogos, e ambientes do serviço, como cozinha, lavanderia e depósitos. No andar superior, dez apartamentos com sacada para a visão da serra fluminense (Costa, 1995, p. 214-217).

O Sofitel Costa do Sauípe localiza-se em uma área de proteção ambiental na Praia da Barra do Rio Sauípe, a 76 quilômetros ao norte de Salvador. Integra um complexo turístico, com mais quatro hotéis e a Vila Nova da Praia, uma área de entretenimento com seis pousadas, bares, lojas e restaurantes. Ele Possui 384 apartamentos com varanda, 12 suítes e oito apartamentos para deficientes físicos. Sua área social compõe-se de dois restaurantes, *lobby* bar, boate, lojas, capela e 1.754 m² para eventos e convenções. Esses ambientes de eventos são inteiramente flexíveis e conversíveis em ambientes de tamanhos variados, capazes de acolher desde pequenas salas de reunião até um salão para 1.200 pessoas. A área recreativa do hotel compõe-se de sala de jogos, sala de ginástica, sauna, campo de futebol, quadras poliesportivas, quadras de tênis, *paddle* e *squash*, campo de golfe com 18 buracos, piscinas, centro aquático e centro eqüestre.

O Grande Hotel e Termas de Araxá foi recentemente restaurado, reformado e transformado como *resort*, *spa* e centro de convenções. Construído nos anos de 1940 para ser um hotel-cassino, foi obrigado a descobrir nova vocação, quando os cassinos tornaram-se ilegais, em 1946. Encontrou nova vocação na exploração da água radioativa e da lama sulfurosa, usadas para fins terapêuticos e estéticos graças à sua localização: sobre a cratera de extinto vulcão. Após uma fase de declínio — que culminou no seu fechamento — nos anos de 1990, o hotel reabriu e busca seu posicionamento no mercado. As antigas piscinas e ambientes dos banhos evocam os balneários (*resorts*) inventados pelos romanos na Antigüidade.

O Sofitel Resort Jequitimar, em construção na Praia de Pernambuco, Guarujá, no lugar do inesquecível Jequitimar Praia Hotel, é exemplo de hotel de lazer voltado também para convenções. O Jequitimar Praia Hotel foi inaugurado em 1962, por Veridiana Prado, herdeira da família que inventou a estância turística do Guarujá, em 1892, para a rica elite do café.[10] O terreno tem 56 mil m², e a área construída de 39.000 m² contém 341 suítes de 32 m², distribuídas em dois prédios de três andares; 40 bangalôs; quatro restaurantes e um centro de convenções para 1.800 pessoas. O turismo de negócios, os turistas do rico interior paulista e os estrangeiros (que têm preferido as praias do Rio e do Nordeste) são o público-alvo do hotel, de propriedade do grupo do empresário Sílvio Santos.[11]

Por fim, a Pousada Ponta do Leste, em Angra dos Reis, é um projeto de 1979 do arquiteto James Vianna para César Guinle. Tem três andares, nove apartamentos e área construída de apenas 728 m². Esse projeto premiado conta com uma solução arquitetônica notável, pela forma como a adequou ao clima do lugar. A laje de concreto da cobertura, com terra e vegetação, está espaçada da cobertura interna dos apartamentos, gerando uma área de sombreamento e ventilação constantes que contribui para o conforto térmico das unidades. Outro exemplar de arquitetura muito bem adaptada ao clima e à tradição local é a Pousada da Ilha de Silves, na Floresta Amazônica, a 700 quilômetros de Manaus, projetada por Severiano Porto, em 1979. Em meio a um imenso terreno de 700 mil m², tem área construída de 1.

---

10 REIS FILHO, 1994, p. 50-59. O Conselheiro Antônio Prado e outros criaram a Cia. Balneária da Ilha de Santo Amaro, que construiu o primeiro hotel, o cassino e loteou o Guarujá.

11 Revista *Isto É Dinheiro* de 8/6/2005. O projeto do hotel é do arquiteto Michel de Fournier, responsável pela reforma do Píer 57, em Nova York. A Construcap iniciou a obra em agosto de 2005, com o prazo de dois anos e orçamento de R$ 150 milhões para concluí-la.

230 m², com 14 apartamentos. A planta circular e os materiais usados (madeira, sapé e vidro) dialogam com as tradições construtivas da população nativa.[12]

Localização e Requalificação dos Centros Urbanos

Para o hoteleiro Conrad Hilton, "três fatores explicam o sucesso de um hotel: localização, localização e localização". O lugar do hotel, em meio à natureza (praia, campo ou selva) ou em meio à cidade, é um aspecto decisivo do empreendimento.

A questão da localização urbana está ligada à história da cidade. O caso de São Paulo mostra como o deslocamento das classes sociais e das empresas no espaço urbano ocorreu ao longo do tempo e como as empresas de serviços em geral, e particularmente os hotéis, acompanharam esse deslocamento.

Da fundação da cidade à inauguração do Viaduto do Chá, em 1892, a cidade confinou-se à colina central, balizada pelos conventos do Carmo, de São Francisco e de São Bento, o "centro velho" das ruas Direita, São Bento e 15 de Novembro. O Viaduto do Chá abriu a expansão da cidade para o oeste, para os lados do "centro novo" da Rua Barão de Itapetininga e Praça da República.[13] Seguiu-se a abertura e ocupação dos bairros de Higienópolis, Consolação e Avenida Paulista nas primeiras décadas do século XX e a ocupação sucessiva das vertentes oeste e sul do espigão central pelos bairros-jardins até atravessar o Pinheiros, em Cidade Jardim, Morumbi e, recentemente, Panamby.

Até 1892, os hotéis localizavam-se no centro velho e nos arredores da Estação da Luz, a "porta" de entrada da cidade. O Grande Hotel da Rua São Bento era tido, à época, como o melhor hotel do Brasil.[14] O luxuoso Hotel Esplanada (hoje a sede do Grupo Votorantim) abriu em 1922, atrás do Teatro Municipal. O deslocamento das altas classes em direção à Avenida Paulista levou as lojas, escritórios, hotéis e restaurantes a um processo que culmina hoje com a concentração, na área das avenidas Brigadeiro Faria Lima e Engenheiro Luís Carlos Berrini, de sedes de empresas, *shopping centers* e hotéis, como Hyatt e Hilton. As empresas da família Fasano

---

12 CADERNOS, 1987, p. 86, 87 e 107-109.
13 RICCA JUNIOR, 2003. Na dissertação, descrevo o processo de expansão da cidade para o oeste em detalhes.
14 TOLEDO, 1996, p. 40 e 44. Glette e Nothmann inauguraram o Grande Hotel em junho de 1878, projeto do arquiteto alemão Von Puttkamer. Tinha um excelente restaurante.

são um ótimo exemplo do deslocamento no espaço urbano ao longo do tempo. Em 1902, estabeleceram-se na Praça Antônio Prado, no centro velho, e depois, sucessivamente, na Rua Barão de Itapetininga, Avenida Paulista e Rua Haddock Lobo, nos Jardins, onde agora abriram o hotel (Fasano, 1996, p. 10-20).

Hotel Esplanada, São Paulo, aberto em 1922 no Parque Anhangabaú (à direita, atrás do Teatro Municipal).

A cidade é um organismo vivo e dinâmico, portanto. O movimento das classes no espaço levou consigo os serviços, como a hotelaria e os restaurantes. Esse vetor sudoeste do deslocamento concentra hoje grande parte da renda e da oferta de emprego. O movimento de abandono do centro da cidade ocorreu em São Paulo e em diversas outras cidades do mundo. Mas houve um momento em que os responsáveis pelo destino dessas cidades perceberam que era preciso revalorizar e requalificar o centro para novas funções, vitais para a economia urbana. O tema do 8º CIAM, Congresso Internacional de Arquitetura Moderna, em 1951, foi o *core* da cidade, e já alertava para a necessidade de promover a melhoria dos centros das cidades. A hotelaria participou desse processo, levada de volta aos centros urbanos. O estímulo à construção e reforma de hotéis localizados no centro foi constante nos programas de revalorização das áreas centrais, como em São Paulo, com a Lei da Operação Urbana Centro.[15]

---

15 Lei 12.349, de 6/6/1997; Lei 13.430, de 13/9/2002 (Plano Diretor Estratégico) e Lei 13.885, de 25/8/2004 (Planos Regionais e Uso e Ocupação do Solo).

O *Rockfeller Center*, em Nova York, foi o modelo de intervenção renovadora de área central. O conjunto arquitetônico de 11 edifícios, construídos entre 1932 e 1940 por John D. Rockfeller, tem programa variado, constituído de escritórios, apartamentos, restaurantes, cafés, bancos, estúdios de televisão e rinque de patinação. A idéia de criar espaços semipúblicos como forma de atrair as pessoas, animar o lugar e assim valorizar a propriedade privada foi copiada em várias cidades dos Estados Unidos, como no *Philadelphia's Penn Center*, no *Chicago Civic Center* e no *Pittsburgh's Golden Triangle*.

O caso de Detroit mostra como o hotel se integrou aos projetos de revalorização dos centros. Após os tumultos de 1967, o centro de Detroit foi arrasado, um grupo de empresários, liderados por Henry Ford II, fundou o movimento *Detroit Renaissance* que apresentou, em novembro de 1971, projeto de recuperação, orçado em US$ 500 milhões, ao prefeito e ao Conselho da cidade. O projeto, assinado por John Portman, previa edifícios de escritórios e apartamentos de 39 andares, e um hotel de 70 andares, o mais alto edifício do Estado de Michigan. Construídos ao lado do *Ford Auditorium*, sede da Orquestra Sinfônica de Detroit, e do *Cobo Hall*, essa intervenção contribuiu para o renascimento e a revalorização imobiliária do centro da cidade. Em 1977, o Detroit Plaza Hotel abriu suas portas, dentro do conjunto do *Renaissance Center*.

Outra intervenção exemplar ocorreu no *Puerto Madero*, o velho porto de Buenos Aires no Rio da Prata. Iniciada em 1993, a requalificação da área promoveu a reforma dos armazéns transformados em dezenas de restaurantes, escritórios, *lofts*, bancos, cinemas, casas de tango e universidade. A valorização imobiliária atingiu US$ 3 mil o metro quadrado. O Hilton Buenos Aires instalou-se em Porto Madero.

Porto Madero, Buenos Aires.

Conclusão

Dados de outubro de 2002 indicam que o Brasil tem cerca de uma unidade habitacional hoteleira para cada 700 habitantes. Os Estados Unidos têm uma unidade para cada 70 habitantes e a França, uma para cada 100.[16] Os números indicam o crescimento potencial da indústria hoteleira brasileira, estimulado ainda pelo seu potencial turístico ainda subexplorado. A qualidade do projeto de arquitetura dos hotéis é fundamental nesse processo.

---

16 ANDRADE, 2001, p. 31 e www.hia.com.br [Hotel Investment Advisors]. No artigo "Histórico de desenvolvimento de hotéis no Brasil", Ricardo Mader Rodrigues estima em 260.900 o número de unidades, entre hotéis independentes e hotéis e *apart*-hotéis de cadeias nacionais e internacionais. www.ibge.gov.br estimou a população brasileira em 184.199.939, em 28/7/2005.

A forma e o programa dos hotéis sempre se renovarão, pelo simples fato de que a sociedade está em permanente transformação. Como os hoteleiros e arquitetos revolucionários apresentados aqui — Ritz, Pritzker, Portman, Pélisson, Dubrule —, nós devemos perseguir a inovação, escutando os sinais emitidos pelas transformações sociais. Para isso, será fundamental o estudo e a pesquisa constantes da história, teoria e projeto dos hotéis.

Bibliografia

ANDRADE, Nelson et al. *Hotel*: planejamento e projeto. 3. ed. São Paulo: Editora Senac, 2001.

CADERNOS BRASILEIROS DE ARQUITETURA. São Paulo: Projeto Editores, n. 19 (Hotéis), 1987.

COLIN, Sílvio. *Uma introdução à arquitetura*. Rio de Janeiro: Uapê, 2000.

COSTA, Lúcio. *Registro de uma vivência*. São Paulo: Empresa das Artes, 1995.

FASANO, Rogério. *O Restaurante Fasano e a cozinha italiana de Luciano Boseggia*. 2. ed. São Paulo: DBA/Melhoramentos, 1996.

REIS FILHO, Nestor Goulart. *São Paulo e outras cidades*: produção social e degradação dos espaços urbanos. São Paulo: Hucitec, 1994.

RICCA JUNIOR, Jorge. *Anhangabaú*: construção e memória, 2003. Dissertação (Mestrado) — FAU-USP, São Paulo, 2003.

TOLEDO, Benedito Lima de. *Prestes Maia e as origens do urbanismo moderno em São Paulo*. São Paulo: Empresa das Artes, 1996.

3

Os Serviços no Setor de Hospitalidade: Criação de Valor para os Clientes de Hotelaria

Álvaro J. Souza

Hospitalidade

A hospitalidade está presente há milênios no contexto das atividades humanas. A partir do momento que o homem desenvolveu a produção, ele gerou excedentes e começou a percorrer as rotas de comércio em caravanas para trocar esses produtos. Conseqüentemente, passou a necessitar de abrigo, alimentação e bebida durante a viagem, surgindo então organizações para satisfazê-lo.

> Pessoas empreendedoras encontraram maneiras de satisfazer essas necessidades. Entre a ascensão e a queda de impérios, na Mesopotâmia, na China e no Egito e, mais tarde, em outras partes do mundo, as rotas de comércio se expandiram e os estabelecimentos de hospedagem prosperaram (Chon, 2003, p. 3).

Eventos esportivos e religiosos também propiciaram condições para o desenvolvimento da hospitalidade no decorrer da história, como é o caso das Olimpíadas na Grécia, com a figura do *Ásylon*.

O mais antigo registro a respeito da hospedaria organizada data da época dos Jogos Olímpicos, em cuja organização e instalações constava o dispositivo de recepção e hospedagem, que consistia em um abrigo de grandes dimensões, em forma de choupana (Andrade, 2000, p.165).

Com o passar dos anos, a hospitalidade foi se moldando a às conseqüentes transformações no ambiente econômico, político e social, refletindo momentos históricos distintos.

Atualmente, as viagens ocorrem devido a um número maior de motivações. Grandes companhias de transporte prosperaram, as pessoas dispõem de mais tempo livre e também renda disponível, organizações de variados portes e ramos de atividade atendem aos viajantes em diferentes situações durante suas viagens e permanência em regiões do mundo todo.

Os Meios de Hospedagem

Os meios de hospedagem, que serão nosso objeto do estudo, são os hotéis, cuja diversidade pode ser constatada com o aumento da segmentação dos serviços oferecidos, bem como com o da sua estrutura física e a solução arquitetônica e paisagística que propiciam parte das condições para o desenvolvimento dos serviços. Para Ismail (2004, p. 38), "Os hotéis modernos se apresentam em uma miríade de formas e de tamanhos."

Os hotéis podem ser estudados a partir de alguns aspectos, além dos já mencionados: o "p" do preço, como é o caso dos hotéis econômicos; sua localização e acesso, por exemplo, os situados perto de aeroportos e rodovias; se são independentes ou fazem parte de alguma rede; se estão voltados para negócios, lazer ou outros. A pesquisa dependerá, em parte, dos objetivos do pesquisador.

Registre-se também o sistema de classificação dos meios de hospedagem em categorias representadas por símbolos, no caso destes últimos, pelas estrelas.

Com a diversificação da oferta de serviços a preços os mais variados, localização e acesso definidos de forma que facilitem a vida dos clientes e um amplo sistema de divulgação e comercialização, vide a Internet, a criação de valor passa a ser um item de importância que deve permear a visão de negócio.

Os Serviços

Segundo Chon (2003), se há uma "indústria de hospitalidade" que compreende uma grande variedade de negócios, todos dedicados a prestar serviços às pessoas, cabe a discussão sobre estes serviços e suas respectivas características.

Com o objetivo de fornecer condições para desenvolver os pontos subseqüentes, devemos estabelecer uma definição para serviços que não seja totalmente voltada para o próprio conteúdo do termo, mas que contemple a visão mercadológica.

Segundo Kotler (2000, p. 448), "Serviço é qualquer ato ou desempenho, essencialmente intangível, que uma parte pode oferecer a outra e que não resulta na propriedade de nada. A execução de um serviço pode estar ou não ligada a um produto concreto".

Encontra-se uma definição de serviços que enfoca de forma abrangente o termo em Semenik (1995, p. 735). Os serviços

> constituem atividades, benefícios ou satisfações colocados à venda onde não existe nenhuma troca de bens tangíveis que envolva uma transferência de propriedade. Observe os três aspectos importantes dessa definição. Primeiro, ocorre uma troca de mercado — isto é, cada parte abre mão de alguma coisa de valor para ganhar outra coisa de valor; segundo, o valor que está sendo adquirido pelo comprador representa uma atividade, um benefício ou uma satisfação; finalmente, não ocorre uma troca de título de propriedade.

As Características dos Serviços

Para uma compreensão mais abrangente e um pouco mais profunda, faz-se necessário discutir as características desses serviços.

Intangibilidade

O cliente não tem condições de ver o que está comprando, como quando se encontra no balcão de um estabelecimento de varejo. Assim, o processo de negociação demanda uma crença maior depositada no prestador de serviços pelo consumidor e dependerá também de como o vendedor tratará do assunto.

Para Levitt (1990, p. 107), "Quando os clientes potenciais não podem antecipadamente provar, testar, sentir, cheirar ou ver o produto em uso, o que os induzem a comprar são, simplesmente, promessas de satisfação".

Inseparabilidade

A produção e o consumo acontecem no mesmo momento. O prestador de serviços estabelecerá sua estrutura em um local que acredita ser o mais apropriado, e o consumidor deverá se deslocar até lá para poder utilizar o serviço. Aqui é preciso pensar em tudo o que implica esse deslocamento: tempo, paciência e dinheiro.

Heterogeneidade

O processo de prestação de serviços está atrelado a quem os executa, ao cliente, ao local e também à relação estabelecida entre as partes.

Devido a sua natural heterogeneidade, a princípio os serviços podem ser adaptados até certo ponto às necessidades e desejos dos clientes, porém, tal procedimento exigirá que o prestador de serviços conheça muito bem as necessidades e os perfis dos seus clientes.

Desta característica deriva a visão de que a maioria dos serviços consiste em ações e interações, que são tipicamente eventos sociais. Portanto, é possível realçar o papel desempenhado por toda a equipe de funcionários da organização hoteleira e o forte impacto de ações mercadológicas bem planejadas.

Perecibilidade

Os serviços não podem ser mantidos em estoque. Então, para qualquer tipo de hotel, um grande desafio é vender toda a capacidade de serviços disponível em todos os dias e horários, caso contrário, não haverá condições de se recuperar o prejuízo causado pela ociosidade. Pode-se, aparentemente, inferir que a pressão sobre a equipe de marketing de um hotel leva em conta tal característica.

O Marketing

A abordagem pretendida no artigo é mercadológica. Portanto, a partir das definições e conceitos mercadológicos estabelecidos, serão delineados alguns aspectos reputados como relevantes para que a organização hoteleira possa não somente manter-se no mercado, como também prosperar e tentar obter vantagem competitiva sustentada.

Para Kotker (2000, p. 30) o marketing "é um processo social por meio do qual pessoas e grupos de pessoas obtêm aquilo que necessitam e o que desejam com a criação, oferta e livre negociação de produtos e serviços de valor com outros".

O que aqui deve ser lembrado é que, como foi exposto anteriormente, serviços também são interações sociais, contato entre pessoas diferentes, com bagagens culturais diversas que procuram satisfação para as mais variadas necessidades e desejos em situações que, às vezes, chegam a ser inusitadas.

A organização deve procurar entender essas necessidades e desejos dos seus clientes, para assim poder oferecer serviços que estejam em perfeita sintonia com eles. Além disso, deve buscar diferenciais para conquistar uma imagem de excelência no mercado.

Criação de Valor para os Clientes

Segundo Kotler (2000, p. 33), "O produto ou oferta alcançará êxito se proporcionar valor e satisfação ao comprador-alvo. O comprador escolhe entre diferentes ofertas com base naquilo que parece proporcionar o maior valor".

Atualmente, com a globalização e internacionalização dos mercados, a chegada das redes estrangeiras e a explosão do uso da informática e tecnologia de informações nos hotéis, parece que todos, respeitando-se os limites da estrutura e categoria do empreendimento, estão cumprindo, ao menos, o seu papel.

Então é preciso "entregar" valor para o cliente, isto é, fazer com que ele tenha a percepção de "pagar um preço justo por um serviço superior".

Segundo Churchill Jr. (2000, p. 10), o "Marketing voltado para o valor é uma orientação para se alcançar objetivos desenvolvendo valor superior para os clientes. Ele é uma extensão da orientação para marketing que se apóia em vários princípios e pressupostos sobre os clientes".

Com a concorrência aumentando, o cliente ficando mais exigente e crítico, os governos procurando, em todas as esferas do poder, aperfeiçoar a legislação e aumentar os controles sobre as operações dos agentes econômicos, ONGs e outras instituições que exercem pressão por um mundo mais limpo e justo, as organizações de hospitalidade e mais especificamente os hotéis precisam desenvolver estratégias para cativar e manter clientes. Nesse contexto, certamente a orientação de entrega de valor para os clientes é um dos pontos cruciais.

O que pode ser feito para "entregar valor" ao cliente? Ora, seria muito interessante se tivéssemos uma única fórmula que pudesse ser, de alguma forma, reproduzida para todos os cantos. Que bom se pudéssemos chegar a um formato *"fast-food"* de hotel, fachada reconhecida de longe, padronização dos produtos/atendimento, *layout* do local já familiarizado e preços quase que homogêneos.

Muito bem, pode-se admitir que "hotéis econômicos" que façam parte de redes internacionais apresentem um pacote bem definido, mas temos que trabalhar com um universo muito mais variado, por isso, a investigação a respeito do público e a sua motivação para a viagem, da concorrência e da localidade são primordiais.

Quem enxerga o valor é o cliente, o público-alvo, é ele basicamente que, em uma organização hoteleira, ao usufruir de algum serviço, está quase sempre em contato com algum funcionário, interagindo socialmente. Portanto, os relacionamentos podem ser encarados como uma fonte dessa percepção de valor. A outra forma acontece quando o cliente utiliza os equipamentos da estrutura disponibilizada, mas, nesse caso, ele também conta com o intangível, ou seja, com a atmosfera do local e toda uma conjunção de fatores que possuem conotação subjetiva, e que variam ainda em função do estado de ânimo tanto do prestador quanto do cliente.

O cliente tem de acreditar que o serviço vale o que ele está desembolsando, assim, a relação custo/benefício deve ser satisfatória. Por mais difícil e intricado que o processo para uma mensuração acurada possa ser, o cliente será capaz de, ao final das contas, afirmar que o serviço estava ótimo e o que foi despendido "foi bem gasto".

As motivações de viagem também interferem na percepção do custo/benefício. O cliente que tem seu foco em *business* pode estar preocupado com Internet rápida, estação de trabalho e outras conveniências para o bom desempenho de suas funções. Já aquele voltado para o lazer logicamente apresenta outras demandas, talvez esteja mais propenso a informalidades e disposto a encarar eventuais lacunas com menos indisposição, o que de nenhuma forma quer dizer que ele esteja abrindo mão da qualidade dos serviços prestados.

É inevitável que o cliente procure estabelecer comparações durante o processo de aquisição dos serviços. É aí que o fator concorrência se apresenta.

Segundo Penteado (1999, p. 189), "Com a recente inserção brasileira no mercado global, com o fim das reservas de mercado e a redução na excessiva regulamentação — e conseqüente 'engessamento' — do mercado, a economia do país passou a contar com um ambiente mais competitivo".

As organizações devem pensar não somente no valor que estão entregando aos seus clientes, mas também nos seus concorrentes diretos. A lógica é que a organização possa oferecer um serviço com valor superior ao deles.

Para Churchill Jr. e Peter (2000, p. 13 e 14),

> O marketing voltado para o valor pressupõe que os clientes que estejam dispostos e sejam capazes de realizar trocas o farão quando os benefícios das trocas excederem os custos e os produtos ou serviços oferecerem um valor superior em comparação com outras opções.

As organizações precisam ser capazes de criar marcas com forte apelo, prestar serviços de alta qualidade com custos controlados e, sempre que possível e for viável, procurar introduzir inovações. Para tanto, devem atuar com diversas parcerias — fornecedores, acionistas e/ou proprietários — que entendam a importância de investimentos, das escolas e centros de pesquisa, dos *traders* que atuam no processo e também do entorno físico da organização, como a comunidade local.

Os recursos humanos da organização precisam ser sensibilizados para a importância de todo o processo. Não é mais recomendável que pessoas sejam meramente executantes de tarefas. Uma participação mais comprometida e personalizada de todos é fundamental; o *empowerment* e outras ferramentas gerenciais podem dar suporte a uma gestão mais participativa.

Quanto mais a organização obtiver a colaboração de todos os envolvidos, maiores serão as chances de que possa oferecer melhores serviços, com maior valor, em relação aos seus concorrentes. Portanto, a criação de valor extrapola os muros da organização, é condição vital o entrosamento de funcionários, fornecedores, prestadores de serviços terceirizados, da comunidade e, por que não mencionar, também dos órgãos governamentais.

Comunicação Integrada de Marketing

A Comunicação Integrada de Marketing é uma expansão do elemento de promoção do mix de marketing. (Ogden, 2002, p. 3).

Os clientes precisam perceber que os serviços oferecidos são de qualidade superior e, para isso, a estratégia de divulgação de valor deve ser muito bem planejada. No plano de marketing estabelecido pela organização, as táticas que envolvem toda a Comunicação Integrada de Marketing (CIM) precisam estar em fina sintonia para que as mensagens veiculadas possam sempre transmitir também a idéia de valor para o público-alvo.

No varejo tradicional, no qual os consumidores compram bens tangíveis, encontram-se mensagens de fácil assimilação e entendimento: "Cobrimos a diferença no caixa", "Oferta do dia para tal produto". O consumidor compara o preço de um produto e decide pela compra. Na prestação de serviços, embora a estrutura, localização e acesso sejam fatores importantes na hora da compra, os aspectos intangíveis são também preponderantes.

Conforme Levitt (1990, p. 110),

O que torna únicos os produtos intangíveis é que eles são inteiramente inexistentes antes de serem comprados, inteiramente insuscetíveis de inspeção ou exame prévio. Por essa razão, o cliente é forçado a fazer julgamentos muito mais com base no que é afirmado ou implicado sobre o produto do que com os produtos tangíveis. Por conseguinte, as afirmações e implicações têm de ser mais cuidadosamente manejadas do que as de produto tangíveis.

A comunicação de um "pacote de valor" deve ser feita de tal forma que os potenciais clientes sejam capazes de identificar vantagens e, no caso de adquirirem os serviços, sintam realmente que foram atendidos de uma forma especial no momento em que forem pagar, sem que esse aspecto tenha onerado muito os preços.

A organização precisa entender as expectativas dos clientes, que, quando bem atendidos, retornam, querendo talvez algo mais. As mensagens enviadas para os potenciais clientes também geram expectativas, isso faz com que a organização, de certa forma, utilize-se da CIM para tentar equilibrar as aspirações e anseios com o pacote de serviços oferecidos.

Considerações Finais

Deve ficar claro que a abordagem voltada para a criação de valor não analisa apenas o cliente como foco do processo, mas todos os atores envolvidos.

O cliente não pode colocar em risco a integridade dos funcionários ou demandar ações que possam trazer prejuízos para a estrutura, tampouco a organização deve entrar em uma "guerra de preços" sem fim, pois essa medida pode ocasionar perda de rentabilidade e assim fazer com que os acionistas e/ou proprietários sintam-se ameaçados. Concluindo, é importante a adoção de uma estratégia de longo prazo, fundamentada em parâmetros bem definidos, de maneira que ela não seja uma porta para ações de curto prazo, de resultados duvidosos que poderiam arranhar seriamente a reputação da organização.

Bibliografia

ANDRADE, José Vicente de. *Turismo*: fundamentos e dimensões. 7. ed. São Paulo: Pioneira, 2000.

BENI, Mário Carlos. *Análise estrutural do turismo*. 3. ed. São Paulo: Senac, 2000.

CASTELLI, Geraldo. *Administração hoteleira*. 9. ed. Caxias do Sul: Educs, 2001.

CHON, K. S. *Hospitalidade*: conceitos e aplicações. São Paulo: Thomson, 2003.

CHURCHILL Jr., Gilbert A.; PETER, J. Paul. *Marketing*: criando valor para o cliente. São Paulo: Saraiva, 2000.

DENCKER, Ada de Freitas Maneti; BUENO, Marielys Siqueira. (Org.). *Hospitalidade*: cenários e oportunidades. São Paulo: Thomson, 2003.

DUARTE, Vladir Vieira. *Administração de sistemas hoteleiros*: conceitos básicos. São Paulo: Senac, 1996.

ISMAIL, Ahmed. *Hospedagem*: front office e governança. São Paulo: Thomson, 2004.

KOTLER, Philip. *Administração de marketing*. 10 ed. São Paulo: Prentice Hall, 2000.

LEVITT, Theodore. *A Imaginação de marketing*. 2. ed. São Paulo: Atlas, 1990.

OGDEN, James R. *Comunicação integrada de marketing*. São Paulo: Prentice Hall, 2002.

PENTEADO, J. Roberto Whitaker. *Marketing best*. São Paulo: Makron Books, 1999.

POWERS, Tom; BARROWS, Clayton W. *Administração no setor de hospitalidade*. São Paulo: Atlas, 2004.

SEMENIK, Richard J.; BAMOSSY, Gary J. *Princípios de marketing*. São Paulo: Makron, 1995.

Sites Consultados

ASSOCIAÇÃO BRASILEIRA DA INDÚSTRIA DE HOTÉIS. Diversas informações consultadas. Disponível em: www.abih.com.br. Acesso em: 3 jun. 2005.

INSTITUTO BRASILEIRO DO TURISMO (Embratur). Diversas informações consultadas. Disponível em: www.embratur.gov.br. Acesso em: 3 jun. 2005.

4

Aspectos Legais da Hospitalidade Turística: Uma Abordagem Socioantropológica

Lecy Cirilo

O turismo constitui-se em uma movimentação de bens, serviços e pessoas que envolve e integra muitos setores da economia, inclusive diferentes perfis profissionais, capacidades, especialidades e pesquisadores que se interessam em estudá-lo como fenômeno, em sua complexidade e abrangência.

Segundo Burns (2002, p. 21), o turismo chama a atenção dos antropólogos, por abranger uma "gama de complexidades, interações sociais, regras, soluções de conflitos, hábitos alimentares, atitudes para com estranhos, sistemas de crença e outros elementos que molda a cultura".

A prática e o estudo do turismo despertam interesses, segundo Rodrigues (2001, p. 37), "Em nível teórico, nas chamadas Ciências Sociais, como nas Ciências Aplicadas, em setores do planejamento, do marketing e da publicidade", e das Ciências Humanas, como representadas neste capítulo sobre Direito, em função das transformações da sociedade nos âmbitos político e econômico.

Trata-se de uma atividade própria da sociedade de consumo, como enfatiza Oliveira (2000, p. 31-32), que combina ações públicas e privadas; exige grandes investimentos financeiros e tecnológico no fornecimento de bens e serviços aos turistas e busca alcançar resultados que permitam o desenvolvimento socioeconômico, político e cultural das sociedades envolvidas, além de ser um vasto campo para o estudo da hospitalidade, indo além do seu sentido formal de "bom acolhimento feito a alguém, ou simplesmente acolher".

Segundo Cirilo (2004, p. 16), a hospitalidade é um

> conceito presente desde os primórdios da civilização e amparado mesmo pelo Direito Romano, que dispunha da hospitalidade como uma instituição que permitia a estrangeiros encontrarem, em Roma, uma proteção muito especial junto a um cidadão ou ao povo inteiro.

Nessa época, havia a distinção de dois tipos de hospitalidade: o *hospitium privatum* e o *hospitium publicum*. O primeiro dizia respeito à relação entre dois particulares e deixava o hóspede sob a proteção de um cidadão romano, como um cliente sob a proteção de seu patrono. O segundo assegurava a hospitalidade de Roma a um estrangeiro ou a uma cidade inteira, como um verdadeiro "fato internacional", como se um superior concedesse proteção para outro.

Entre os gregos e romanos, a hospitalidade assumia um caráter de proteção contra qualquer violência, estando acima da ação da justiça e era considerada sagrada entre os que ofereciam a hospitalidade e os que a recebiam, uma vez que a responsabilidade pelo envio de pessoas ricas ou mendigas era atribuída ao próprio Júpiter.

A hospitalidade tinha também um caráter de reciprocidade quando representava o intercâmbio entre uma cidade e outra ou um país e outro. Nessa situação, os hóspedes possuíam um sinal de reconhecimento, uma pedra quebrada, destinado a evitar qualquer impostura, e este sinal era passado de pai para filho.

Essas tradições se perpetuaram entre os primeiros cristãos, porque, com a apresentação do objeto convencional, eles estavam certos de encontrar bom acolhimento entre as famílias cristãs por onde fossem.

A história registra também atos de acolhimento a estranhos ou estrangeiros. Segundo Dias (2002, p. 101), o anfitrião atendia às necessidades dos viajantes de acordo com as suas posses. Assim, eles podiam contar com leito, pão, alimento e bebida, ou o conjunto desses elementos.

Na proposta socioantropológica, a hospitalidade é um fato capaz de criar vínculos e obrigações sociais, segundo Cirilo (2004, p. 17 apud Camargo, 2002, p. 17).

O papel da hospitalidade amplia-se, de acordo com Grinover (2001, p. 26-35), porque engloba a relação que se estabelece entre o espaço físico da cidade e seus habitantes, pois, além de abranger o acolhimento, a cidade possui odores, hábitos, costumes, história e memória, sendo avaliada como um "dom do espaço", que esbarra em questões de dimensionamentos ambientais e políticos que comprometem a qualidade de uma "cidade hospitaleira", quando se tem o espaço ocupado seriamente comprometido.

A cidade — com as suas relações sociais, questões ambientais, econômicas, culturais, religiosas, bem como infra-estrutura e superestrutura, capazes de produzir melhorias no cotidiano das pessoas — sugere a hospitalidade que influencia tanto as pessoas que nela vivem quanto as que a visitam.

Na sociedade moderna, a hospitalidade assume uma nova roupagem por meio da hospitalidade comercial quando, na perspectiva de Darke e Gurney (2003, p. 129), ela é analisada como desempenho ou *performance*.

Na hospitalidade comercial, dissolvem-se os laços sociais devido à valorização econômica do bem ou serviço por parte de quem os oferece, já que quem recebe o hóspede tem a obrigação de lhe proporcionar "alimento, espaço, proteção e segurança", em contrapartida, aquele que é recebido, paga por esses serviços ou produtos.

A Hospitalidade Turística Como Estratégia para o Desenvolvimento

Após a evolução de conceitos e tendências, o turismo, como estratégia, chega aos dias atuais com capacidade de fornecer instrumentos para promover o desenvolvimento socioeconômico. No Brasil, ele encontrou destaque político apenas com a Constituição Federal de 1988, no artigo 180, que o coloca como "fator de desenvolvimento social e econômico", e atribui à União, aos Estados, ao Distrito Federal e aos Municípios a responsabilidade de promovê-lo e incentivá-lo.

Mas, segundo Ferraz (2000, p. 127), não há uma legislação infraconstitucional que acompanhe a sua implantação. Assim sendo, os instrumentos de que se valem são as políticas públicas ou Políticas Nacionais de Turismo (PNTs), que, como documento, têm caráter norteador para o turismo no país, com ascendência sobre os setores das administrações pública e privada.

O turismo, como importante atividade estratégica para o desenvolvimento de localidades, influencia o espaço e as pessoas. E essa influência quase sempre recai sobre a apropriação de áreas de grande beleza e diversidade biológica, predicados usados para atrair cada vez mais turistas que buscam satisfazer-se por meio de experiências diferenciadas, tranqüilas, com serviços individualizados e seguros.

Na busca pela satisfação das necessidades básicas de serviços e produtos de qualidade e segurança, surgem, ao longo de todo a extensão territorial, principalmente nas áreas de entorno costeiro, empreendimentos hoteleiros e megaempreendimentos, que, para dar suporte à atividade turística de qualidade, suscitam investigações quanto aos cuidados ambientais e sociais desses lugares, como aconteceu com a construção do Complexo Turístico Sauípe. Situado no interior de uma área de preservação ambiental no litoral norte da Bahia,[1] apresentava, na sua implantação, padrões de ocupação e restrições ao uso do solo muito peculiares e estipulados em conformidade com o Zoneamento Econômico Ecológico de seu Plano de Manejo.

O turismo em áreas frágeis colocou as áreas de proteção ambiental no Direito brasileiro, por meio da Lei nº 6.902, de 27 de abril de 1981, no artigo 8º, que determina

> O Poder Executivo, quando houver relevante interesse público, poderá declarar determinadas áreas do território nacional como de interesse para a proteção ambiental, a fim de assegurar o bem-estar das populações humanas e conservar ou melhorar as condições ecológicas locais.

As áreas de proteção ambiental, consideradas Unidades de Conservação,[2] são criadas por decretos e neles devem estar contidos a denominação, limites geográfi-

---

[1] APA do Litoral Norte, criada pelo Decreto 1.046, de 17 de março de 1992, compreende uma faixa litorânea de dez km de largura e 142 km de extensão, ao longo da BA-099, a chamada "Linha Verde". Ocupa uma área e 142 mil ha e corta os municípios de Jandaíra, Conde, Esplanada, Entre Rios e Mar de São João. *Fonte*: GOTTARDO, Lecy. *Turismo sustentável e desenvolvimento*. Estudo de Caso — "megarresorts" na Costa do Sauípe. Um Modelo Internacional de Desenvolvimento Turístico, 2002.

[2] APA, é, segundo a Resolução Conama 010/88, a Unidade de Conservação destinada a proteger e conservar a qualidade ambiental e os sistemas naturais ali existentes, visando a melhor qualidade de vida da população local e também a proteção dos ecossistemas regionais. *Fonte:* MILARÉ, Édis. *Direito do ambiente*. 2001, p. 711.

cos, principais objetivos, proibições e restrições de uso dos recursos ambientais. Não se restringe seu uso para habitação, residência e atividades produtivas, nem mesmo às atividades econômicas. Porém, elas devem estar sob a orientação e supervisão da entidade ambiental encarregada de assegurar o cumprimento das determinações legais com finalidade instituída por lei,[3] por meio de plano de manejo para que as atividades sejam executadas de maneira sustentável.

Em toda a costa brasileira, a construção de empreendimentos hoteleiros de portes diversos confere distintas interpretações, a exemplo do empreendedor, que vende o empreendimento como uma proposta "de contato com a vida, quanto a preservação ambiental e o equilíbrio do ecossistema", provocando constantes preocupações ambientais e a obrigatoriedade de buscar amparos na legislação ambiental brasileira, com o intuito de conter as práticas ambientais abusivas.

O turismo não é o único responsável pela degradação ambiental ou da ocupação do espaço de forma desordenada. No entanto, se a atividade turística for bem planejada, apresenta-se como atividade sustentável, e isso requer o envolvimento de esforços conjuntos dos setores públicos e privados e da participação de profissionais preparados que se preocupem com a manutenção das características e vocações reais dos espaços, da mesma forma que possibilitem, segundo Ferreti (2002, p.107), uma "relação direta, na qual o turista aprenda e respeite tais características do local visitado".

No Brasil, há uma diversidade de ecossistemas, verdadeiros atrativos naturais que convidam ao turismo. São exemplos o Pantanal Mato-Grossense, a Floresta Amazônica, os redutos de Mata Atlântica, a própria Serra do Mar e a zona costeira. No entanto, essas áreas são consideradas, pela Constituição Federal de 1988, patrimônio nacional e requerem, segundo Milaré (2001, p. 177), atenção em relação ao uso de seus ecossistemas; eles devem ser utilizados em conformidade com a legislação, de forma que esteja assegurada a preservação dos atributos biológicos e a sustentabilidade de seus recursos naturais.

O meio ambiente é considerado "bem de uso comum do povo" — ou seja, pertence à sociedade como um todo — e essencial à qualidade de vida. Para tê-lo ecologicamente equilibrado, é preciso, segundo Milaré (2001, p. 235), que cada

---

3 Decreto nº 99.274/90, artigos 28/32. *Fonte:* GOTTARDO, Lecy (2002, p. 36) apud ANTUNES (2000, p. 287).

cidadão deixe de ser um mero titular passivo de um direito e passe a ter a titularidade de um dever, que, nesse caso, é o de respeitá-lo, defendê-lo e preservá-lo. Para isso, é necessário que se estabeleça, de maneira clara, uma relação jurídica de "função", tanto para os empresários do turismo quanto para os de outra atividade econômica que, de forma direta ou indireta, façam parte de sua cadeia produtiva, atingindo assim desde o planejador do turismo e o administrador público até o turista e o consumidor em geral.

Na perspectiva global da hospitalidade, o turismo é o que melhor traduz a hospitalidade comercial e urbana, por se tratar de uma atividade econômica rentável, despertada há relativamente pouco tempo; ela é definida por Carvalho (2001) como "simplesmente a arte de receber bem". Além disso, há uma despersonalização do espaço, porque se paga pelo que se busca por meio da qualidade das superestruturas e infra-estruturas oferecidas, esperando que sejam iguais ou superiores àquelas que se têm em seus lugares de origem.

O turismo pressupõe a existência da hospitalidade, percebida não somente como a imposta por práticas comerciais, encontradas nos empreendimentos hoteleiros e de restauração, nos transportes, nas agências de viagens, nos estabelecimentos comerciais e públicos. Parte dessa atenção destina-se à hospitalidade pública ou urbana, presente nas vias públicas, na qualidade do ambiente da cidade e na própria relação comercial, na qual há o contato entre os turistas e a comunidade local.

A observância desses vários pontos pode ser o que melhor define a hospitalidade de uma destinação turística, porque as suas dimensões vão além do simplesmente acolher. Elas passam pela observação do "bem receber", "bem atender", "bem indicar e orientar", "bem transportar", "bem informar" e "bem alojar e alimentar", que seduz o turista e suscita nele o desejo de retornar e indicar a alguém o local visitado, para que essa pessoa também alcance os objetivos que valorizam o seu ser.

Na relação delicada da hospitalidade turística, repousam preceitos jurídicos que norteiam o bom cumprimento desses valores por parte dos fornecedores e consumidores de produtos e serviços, como pode ser observado na Política Nacional das Relações de Consumo, representada pelo Código de Defesa do Consumidor, Lei 8.078, de 11 de setembro de 1990.

Para Filomeno (1999, p. 53), a Política Nacional das Relações de Consumo visa a boa relação entre consumidores e fornecedores de produtos e serviços:

> ...harmonia das "relações de consumo", que se por um lado se preocupa com o atendimento das necessidades básicas dos consumidores, a dignidade, a saúde, a segurança e os interesses econômicos, almejando a qualidade de vida, por outro, visa igualmente as "boas relações comerciais, a proteção da livre concorrência, do livre mercado, da tutela das marcas e patentes, inventos e processos industriais, programas de qualidade e produtividade."

O dinamismo da atividade turística surpreende a todos pela sua capacidade de mutação e pelo profissionalismo requerido dos elementos nela implicados que envolvem profissionais de diferentes áreas, como os que trabalham nos meios de hospedagem e de transportes, restaurantes, comércio turístico, entretenimento, lazer e cultura, nos postos de informações turísticas e na própria comunidade.

Na composição da infra-estrutura turística básica de qualquer destinação, os meios de hospedagem destacam-se dentre os equipamentos essenciais para o desenvolvimento do turismo. Independentemente de suas modalidades, eles representam, em ordem de grandeza, um importante elemento da hospitalidade comercial, e lá capaz de indicar a qualidade do produto e da prestação de serviços turísticos.

Da mesma forma que os meios de hospedagem, os restaurantes desempenham um importante papel no desenvolvimento da atividade turística, porque neles podem ser encontradas a satisfação de uma necessidade sociológica pois, com a comida servida, há uma interação social, além disso, esse é o lugar em que se pode vivenciar, segundo Walker (2002, p. 196), os "cinco sentidos: o paladar, a visão, o olfato, a audição e o tato; tudo isso se torna essencial para provarmos da comida, dos serviços e da atmosfera de um bom restaurante".

Na hospitalidade comercial, presente nesses estabelecimentos, está clara, segundo Cirilo (2004, p. 58 apud Godbout, 1997, p. 37), a obrigação, de quem recebe, de prover o "alimento, espaço, proteção e segurança" a quem é recebido que, em contrapartida, paga pelos serviços e produtos adquiridos. Nessa relação comercial, os laços sociais são minimizados ou inexistentes, porque resultam da obrigação da contraprestação, na forma de pagamento, por parte de quem recebe o bem ou serviço.

O não-cumprimento de uma dessas obrigações contratadas em caráter formal ou informal, acrescido da demora ou da não-execução dos serviços, denota a fragilidade e a vulnerabilidade da relação obrigacional, o que justifica as reclamações advindas da má prestação dos serviços turísticos de determinada localidade; das agências de viagens; das companhias transportadoras aéreas, rodoviárias ou marítimas; dos meios de hospedagem; restaurantes etc.

O reconhecimento da problemática na prestação de serviços turísticos pode justificar a necessidade da inseri-los nos procedimentos classificatórios, definidos pelo Instituto Brasileiro de Turismo (Embratur), aliados ao Ministério do Turismo, aos organismos normativos e fiscalizadores de cada segmento em conjunto com o Código de Defesa do Consumidor. A partir disso, podemos observar a atividade turística como um todo e contemplar os esforços de treinamento e qualificação de mão-de-obra, implementação do profissionalismo nas equipes de trabalho, incluindo os empreendedores e os demais setores envolvidos, além de definir de forma satisfatória a atuação de cada categoria.

Independentemente de apenas os meios de hospedagem serem submetidos ao processo classificatório e reclassificatório[4], a Embratur deve providenciar instrumentos para controlá-los com o intuito de observar as posturas legais e os padrões de operação e funcionamento de acordo com a sua finalidade, bem como os padrões mínimos de qualidade exigidos de todos os serviços, preservação dos direitos dos hóspedes, como consumidor, e os cuidados com a preservação e qualidade ambiental.

O incremento da qualidade dos recursos humanos na prestação de serviços turísticos não só agrega valor ao produto como promove o sucesso dos empreendimentos, das destinações turísticas e, por conseqüência, da hospitalidade comercial, que, segundo Cirilo (2004, p. 58),

---

4 A nova Matriz de Classificação Hoteleira, elaborada em conjunto com o Ministério do Turismo, Embratur, Associação Brasileira da Indústria Hoteleira (ABIH) e Código de Defesa do Consumidor. *Fonte*: MAMEDE, Gladston. *Manual de Direito para administração hoteleira*. São Paulo: Atlas Jurídica, 2002.

"visa resultados que podem ser 'mensurados' por meio da *performance*, da qualidade dos produtos turísticos, pela qualidade da prestação de serviços, pela satisfação do cliente, pela dedicação, disponibilidade e disposição em atender as necessidades dos turistas, usuários e clientes, presentes nos empreendimentos".

Com o desenvolvimento da atividade turística, muitos empreendedores vislumbram a oportunidade de se desenvolverem economicamente, considerando-o um "ato simples de comércio". Por isso, constroem hotéis, pousadas, chalés, restaurantes e outros estabelecimentos que dão suporte à atividade turística, sem contudo observarem as especificidades e o caráter profissional que a prática do turismo requer.

A responsabilidade não é dos empreendedores, pois a legislação brasileira faculta e dá garantias a qualquer pessoa que tenha condições econômicas para ser um deles. A livre iniciativa é um dos fundamentos garantidos pela Constituição Federal de 1988, prevista no seu artigo 170, parágrafo único, que "assegura a todos os livre comércio de qualquer atividade econômica, independentemente de autorização de órgãos públicos, salvos nos casos previstos em lei".

A atividade turística em todo o mundo encontra-se, segundo Ruschmann e Solha (2004, p. 5), diante de pressões do mercado, da estrutura das ações comerciais, da intensificação da competitividade e da relação entre quantidade e qualidade dos serviços prestados aos turistas. Com isso, fica cada vez menor o espaço para o amadorismo.

A qualidade dos serviços e a capacidade dos empreendedores de conduzirem seus negócios influenciam o sucesso da hospitalidade comercial, pois dela depende a qualidade da mão-de-obra que pode apresentar-se ou não capacitada e treinada para atender às expectativas dos consumidores, cada vez mais exigentes e conhecedores de suas necessidades.

Sob o ponto de vista de Ruschmann e Solha (2004, p. 35), a qualidade dos serviços deve estar entrelaçada com a capacidade de interação entre consumidor e fornecedor, tomando como base as várias dimensões aclamadas como: confiabilidade, tangibilidade, sensibilidade, segurança, empatia e responsabilidade.

E o turismo, com todas as atividades que dele fazem parte — como os meios de transporte, de hospedagem e toda a cadeia de produção — sofre interferências do Direito, para dar garantias ao seu desenvolvimento de forma sensata e honesta neste mercado específico.

Por se tratar de uma atividade que requer planejamento e políticas específicas, tem, no amparo jurídico normativo, a viabilidade da imposição advinda da manutenção de todos os padrões econômicos no fornecimento de bens e serviços, uma vez que o turismo é um fenômeno socioeconômico, gerador de riquezas, que se originou espontânea e desordenadamente, e que aos poucos cedeu lugar a uma atividade organizada, destinada a atender às necessidades de consumo de todo o mundo.

Baseado na premissa de que informar sobre o turismo é tão importante quanto planejá-lo, o Código Mundial de Ética do Turismo, da Organização Mundial do Turismo (OMT), no seu artigo 6°, inciso I, enfatiza o dever dos profissionais do turismo de informar aos turistas, de forma objetiva e verdadeira, sobre os lugares de destino, suas condições de viagem, recepção e estadia. Eles devem assegurar a absoluta transparência das cláusulas contratuais, propagadas aos seus consumidores, no que se refere à natureza, preço e qualidade das prestações de serviços e aos itens que comprometem tanto as facilidades de pagamento quanto as compensações financeiras, em caso de rompimento do contrato de forma unilateral.

Aos desígnios protecionistas do Código Mundial de Ética do Turismo, credita-se a condição de boa execução dos serviços turísticos. No Brasil, a própria Política Nacional de Relações de Consumo tem o objetivo de oferecer garantias básicas ao consumidor — reconhecidamente a parte mais vulnerável das relações de consumo — assegurando, dessa forma, o atendimento as suas necessidades, o respeito a sua dignidade, saúde e segurança, a proteção de seus interesses econômicos, a melhoria da sua qualidade de vida, bem como a transparência e harmonia das relações de consumo, conforme previsto no artigo 4° e incisos I a VIII, do Código de Defesa do Consumidor.

A visibilidade do mercado turístico, com o advento das novas tecnologias, faz com que a responsabilidade pela divulgação da informação aconteça de forma clara, precisa e objetiva no que diz respeito às destinações, como enfatiza o Código Mundial de Ética do Turismo, no seu artigo 6°, inciso VI,

a imprensa, e em particular a imprensa especializada no turismo, e os demais meios de comunicação, incluídos os modernos meios de comunicação eletrônica, difundirão de uma forma verdadeira e equilibrada sobre os acontecimentos e as situações que podem influenciar a freqüentação turística. Mesmo assim, terão que facilitar as indicações precisas e confiáveis aos consumidores dos serviços turísticos. Para atender a essa finalidade, desenvolver-se-ão e empregarão as novas tecnologias e comunicação do comércio eletrônico, e igualmente a imprensa e os demais meios de comunicação não facilitarão de modo algum o turismo sexual.

No Brasil, o Código de Defesa do Consumidor, no seu artigo 30, assegura que:

> Toda a informação ou publicidade, suficientemente precisa, veiculada por qualquer forma ou meio de comunicação com relação a produtos e serviços oferecidos ou apresentados, obriga o fornecedor que a fizer veicular ou dela se utilizar e integra o contrato que vier a ser celebrado.

Segundo Grinover et al (1999, p. 227), esse dispositivo legal atinge todas as formas de manifestação de marketing, pois toda e qualquer publicidade exerce influência, quando não determina o comportamento contratual do consumidor. Portanto, o Direito atribui as conseqüências em caráter de proporcionalidade à sua importância de ordem econômica, social e cultural.

A publicidade, segundo Grinover (1999, p. 231 apud Carlucci, 1994, p. 37), "é o principal meio de informação pré-contratual, não tanto pelo ponto de vista da qualidade da informação, mas pelo número de pessoas a quem chega". Assim sendo, os anúncios contêm elementos de informação sobre a qualidade, quantidade, preço e características do produto ou serviço ou da própria empresa e, portanto, oferece "garantias" à atividade publicitária.

No Código de Defesa do Consumidor, a informação está disposta em dois momentos distintos. O primeiro é o da informação, considerada pelos juristas como a fase pré-contratual, que precede a aquisição do bem ou serviço, disponibilizada pela publicidade ou embalagem do bem a ser consumido, e que influencia o consumidor. E o segundo é o da informação no momento da aquisição do bem a ser consumido que, no caso do turismo, é o momento da contratação dos serviços.

O controle da veracidade da informação não é suficiente, quer seja considerada enganosa ou abusiva. Torna-se, dessa forma, imprescindível o cumprimento por parte do fornecedor da obrigação de informar de maneira correta, clara e precisa, ostensiva e em língua portuguesa, como disposto no artigo 31 do Código de Defesa do Consumidor.

Para Grinover (1999, p. 240), "na sociedade de consumo, o consumidor geralmente é mal informado. Ele não está habilitado a conhecer a qualidade do bem ofertado no mercado, nem a obter, por seus próprios meios, as informações exatas e essenciais", assim, o consumidor, no momento da escolha, não tem meios de aferir a qualidade daquilo que está adquirindo e, por isso, o Direito caracteriza-se pelo seu caráter preventivo, exigindo que informações precisas sejam transmitidas no momento pré-contratual da aquisição do bem ou serviço.

No turismo, o comportamento do consumidor é complexo, uma vez que as características dos serviços turísticos são representadas pela heterogeneidade e inexistência de propriedade, como atesta Swarbrooke (2004, p. 108), ou seja, "as características dos serviços são apenas um dos aspectos relacionados aos produtos do turismo".

O comportamento do consumidor, ao adquirir produtos e serviços turísticos, demonstra seu envolvimento com os diferentes e elevados níveis de prestação de serviços, isso quer dizer que o seu comportamento, no momento da escolha, é demorado, pois ele pesquisa muito antes de tomar a decisão. Entretanto, o consumidor está, muitas vezes, influenciado pelo apelo emocional da comunicação mercadológica de determinadas destinações turísticas, o que não o impede de fazer sua escolha de forma inadequada, com isso, ele se torna vítima dos maus prestadores de serviços, da falta de qualidade do ambiente urbano ou da duvidosa qualidade dos equipamentos turísticos.

Considerações Finais

O turismo, quando bem planejado e fruto de uma comunicação mercadológica consistente e verdadeira, revela-se um fator de desenvolvimento eficaz, capaz de promover a satisfação plena do consumidor, pois busca indicadores de hospitalidade comercial e urbana que freqüentemente se contrapõem.

A hospitalidade turística, no que diz respeito ao aspecto espacial, esbarra muitas vezes em questões de dimensionamentos ambientais e políticos que podem comprometer a imagem divulgada de muitas "destinações hospitaleiras", que têm os seus espaços ocupados seriamente comprometidos.

No entanto, a cidade apresenta-se como um espaço que legitima as políticas urbanas que, se evocadas, garantem o desenvolvimento pleno das funções sociais da cidade e da propriedade urbana, e o bem-estar do cidadão, que é um direito amparado por dispositivo constitucional.

O dinamismo urbano, assim como o do turismo, mostra que a hospitalidade assume o seu "dimensionamento político", como afirma Cirilo (2004, p. 68 apud Montandon), quando a obrigatoriedade de determinados instrumentos das políticas urbanas tem a finalidade de atender às necessidades de se ter um espaço planejado, ordenado, capaz de dar, em primeiro lugar, garantias de bem-estar e segurança a seus habitantes, e, por conseqüência, aos seus visitantes.

A hospitalidade turística assume um dimensionamento sociopolítico a partir do momento que requer o envolvimento e a prática de ações conjuntas entre os setores público e privado, como forma de garantir condição favorável à hospitalidade espacial, urbana ou rural. Para tanto, o planejamento do espaço, seu ordenamento e a manutenção de sua identidade formam os elementos essenciais para a hospitalidade do lugar.

O grande desafio do turismo é a consolidação democrática dos agentes políticos, sociais e econômicos que devem se compatibilizar plenamente com o desenvolvimento socioeconômico de forma justa, para preservar o meio ambiente e manter a identidade do lugar, de modo que a hospitalidade possa ser referenciada pela sua qualidade e pelo direito de todos à prática de um turismo planejado e desenvolvido, de maneira participativa e interativa.

Bibliografia

BRASIL. Constituição da República Federativa do Brasil. 1988.

BURNS, Peter M. *Turismo e antropologia*. Uma Introdução. São Paulo: Chronos, 2002.

CARVALHO, Caio Luiz. In: "Descubra Minas": plano de infra-estrutura turística regional e participativa do Sul de Minas. *Jorna Voz da Terra*, 5 abr. 2001. www.monteverdemg.com.br/um_turismo.htm.

CIRILO, Lecy. *Monte Verde*: imigração, turismo e hospitalidade, 2004. Dissertação (Mestrado em Hospitalidade) — Universidade Anhembi Morumbi, São Paulo, 2004.

DARKE, Jane e GURNEY, Craig. Como alojar? Gênero, hospitalidade e performance. In: MORRISON, Alison & LASHLEY, Conrad. *Em busca da Hospitalidade*. Barueri-SP: Editora Manole, 2004.

FERRAZ, Joandre Antonio. *Regime jurídico do turismo*. Campinas: Papirus, 1992.

_____. Fundamentos multidisciplinares do turismo: direito e legislação turística. In: TRIGO, Luiz Gonzaga Godoi. (Org.). *Turismo. Como aprender. Como ensinar*. São Paulo: Editora Senac, 2000. v. 1, p. 123-134.

FERRETTI, Eliane Regina. *Turismo e meio ambiente*. Uma abordagem integrada. São Paulo: Roca, 2002.

FILOMENO, José Geraldo Brito. Dos Direitos do Consumidor. In: GRINOVER, Ada Pellegrini et al. *Código brasileiro de defesa do consumidor*. 6. ed. São Paulo: Forense Universitária, 1999.

GOTTARDO, Lecy. *Turismo sustentável e desenvolvimento*. Estudo de Caso — "megaresorts" na Costa do Sauípe. Um modelo internacional de desenvolvimento turístico, 2002. Dissertação (Mestrado em Turismo e Hotelaria) — Unibero – Centro Universitário Ibero Americano, São Paulo, 2002.

GRINOVER, Ada Pellegrini et al. *Código brasileiro de defesa do consumidor*. 6. ed. São Paulo: Forense Universitária, 1999.

GRINOVER, Lucio. Hospitalidade: um tema a ser reestudado e pesquisado. In: DIAS, Celia Maria de Moraes (org.). *Hospitalidade, Reflexões e Perspectivas*. Barueri-SP: Editora Manole, 2002.

MILARÉ, Edis. *Direito do ambiente*. 2. ed. rev., at. e amp. São Paulo: Editora Revista dos Tribunais, 2001.

OLIVEIRA, Antonio Pereira. *Turismo e desenvolvimento. Planejamento e organização*. 2 ed. rev. e amp. São Paulo: Editora Atlas, 2000.

RODRIGUES, Adyr Balastreri. *Turismo e espaço*. Rumo a um conhecimento transdisciplinar. 3. ed. São Paulo: Editora Hucitec, 2001.

RUSCHAMANN; DORIS; SOLHA, Karina Toledo. (Orgs.). *Turismo, uma visão empresarial*. São Paulo: Manole, 2004.

SWARBROOKE, John; HORNER, Susan. *O comportamento do consumidor no turismo*. São Paulo: Aleph, 2004.

5

A Importância da Manutenção Hoteleira

Franklin Assaly

Atualmente, há grande competitividade no setor hoteleiro devido à abertura de novos hotéis e produtos específicos ao perfil de cada cliente.

Normalmente, cada hóspede já vem com uma expectativa em relação ao hotel que foi cuidadosamente escolhido. A satisfação dessa expectativa dependerá em grande parte da política de manutenção adotada pelo empreendimento hoteleiro.

Por meio do conhecimento dos processos e rotinas de manutenção que ocorrem dentro do hotel, pode-se elevar a produtividade e a vida útil dos equipamentos e das instalações, e reduzir seus custos, o que passa a ser um grande diferencial para qualquer empreendimento. Portanto, a manutenção é a chave para uma boa competitividade.

Comumente no Brasil, as empresas fazem basicamente a manutenção corretiva, ou seja, a manutenção é realizada após a quebra dos equipamentos, com custos elevados, e serviços emergenciais, que nem sempre são executados da maneira correta.

No caso dos hotéis, que são empresas de serviços, facilmente pode-se notar que isso significa perdas em qualidade e atendimento.

O hóspede perceberá a qualidade dos serviços e das instalações desde a sua chegada ao hotel até o *check-out*. Tudo deverá estar funcionando corretamente, com todos os equipamentos disponíveis. Qualquer falha rapidamente será percebida, afetando diretamente a imagem do hotel.

Além disso, se os recursos disponíveis forem utilizados racionalmente por meio de um bom plano de manutenção, colabora-se com a proteção do meio ambiente, evitando desperdícios de água, energia e gás. Outra medida é desenvolver e participar de programas de reciclagem de materiais.

É necessário ressaltar também que todas as instalações e equipamentos estão sujeitos a um desgaste natural, que deverá ser minimizado também com um bom plano de manutenção.

O responsável pelo departamento é o gerente de Manutenção, que possui, como subordinados, um chefe de manutenção e, como colaboradores, os auxiliares técnicos de cada especialidade.

A área de Jardinagem normalmente está subordinada à Manutenção e eventualmente pode estar sob a responsabilidade do departamento de Governança.

Em função do tamanho e das características operacionais do empreendimento, a estrutura do departamento será mais simples ou complexa.

A Figura 5.1 mostra o exemplo de um organograma de manutenção de um hotel e a Figura 5.2 mostra o relacionamento do departamento de manutenção com demais áreas do hotel.

A Manutenção recebe diariamente informações da recepção sobre os horários das entradas e saídas de hóspedes e as previsões de ocupação. Por meio dessas informações, ela se organizará para proceder às intervenções necessárias nas unidades habitacionais, procurando sempre escolher os melhores horários, evitando transtornos para o hóspede e atrasos na solução dos problemas.

A ocupação dos salões de convenções, restaurantes e de eventos também deve ser informada à manutenção, pois é necessário o prévio conhecimento de quais equipamentos deverão estar instalados para a realização do evento. De posse dessas informações, a Manutenção acionará a infra-estrutura e a logística existentes no hotel, e auxiliará nas instalações, montagens e configurações necessárias.

A Importância da Manutenção Hoteleira

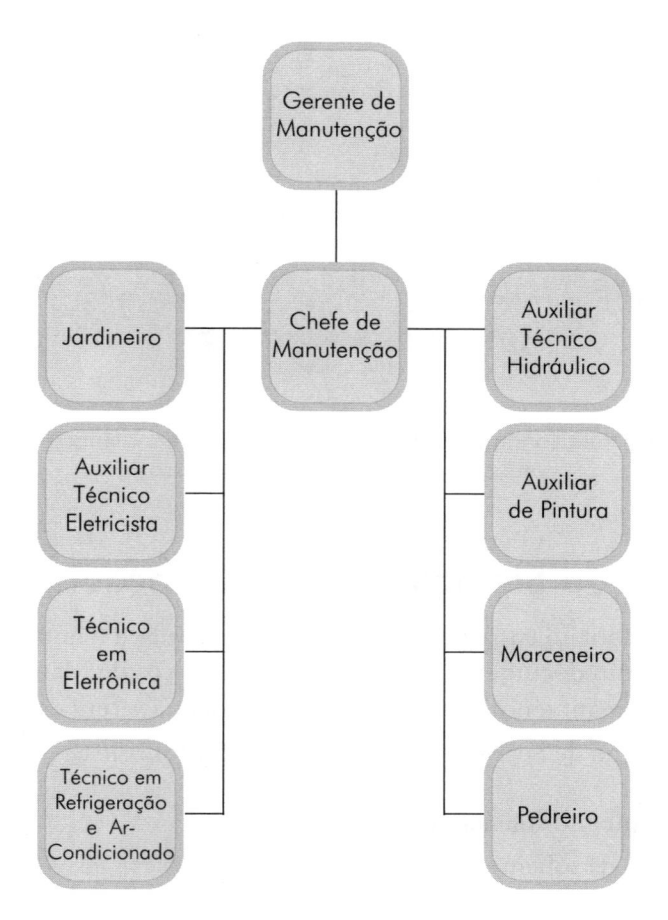

```
                    ┌─────────────┐
                    │  Gerente de │
                    │ Manutenção  │
                    └──────┬──────┘
                           │
         ┌─────────────────┼─────────────────┐
         │                 │                 │
   ┌───────────┐     ┌───────────┐     ┌───────────┐
   │ Jardineiro│─────│  Chefe de │─────│  Auxiliar │
   │           │     │ Manutenção│     │   Técnico │
   │           │     │           │     │ Hidráulico│
   └───────────┘     └───────────┘     └───────────┘
         │                                   │
   ┌───────────┐                       ┌───────────┐
   │  Auxiliar │                       │  Auxiliar │
   │  Técnico  │───────────────────────│ de Pintura│
   │ Eletricista│                      │           │
   └───────────┘                       └───────────┘
         │                                   │
   ┌───────────┐                       ┌───────────┐
   │  Técnico  │                       │           │
   │    em     │───────────────────────│ Marceneiro│
   │ Eletrônica│                       │           │
   └───────────┘                       └───────────┘
         │                                   │
   ┌───────────┐                       ┌───────────┐
   │ Técnico em│                       │           │
   │Refrigeração│──────────────────────│  Pedreiro │
   │   e Ar-   │                       │           │
   │Condicionado│                      └───────────┘
   └───────────┘
```

Figura 5.1   Organograma de manutenção de um hotel.
Autor Franklin Assaly.

Figura 5.2 Relacionamento do departamento de manutenção com demais áreas do hotel. Autor Franklin Assaly.

Solicitação de Serviços de Manutenção

Comumente, o contato entre os departamentos do hotel e a manutenção é realizado por meio de um documento: a Solicitação de Serviços de Manutenção (SSM). Por meio dele, a manutenção é informada dos serviços a serem executados.

Na Solicitação de Serviços de Manutenção, devem constar:

- departamento solicitante;
- número da solicitação;
- localização do serviço a ser executado;
- descrição do serviço a ser executado;
- data e hora;
- nome do solicitante.

SOLICITAÇÃO DE SERVIÇOS DE MANUTENÇÃO (SSM)				Nº SSM	
Localização:	Equipamento:	Nº da U.H.	Solicitante:	Data:	Hora:
Descrição dos Serviços :										
Aprovação do Solicitante		Visto: _____				Data:__/__/__/

Figura 5.3 Exemplo de SSM.

Todos os departamentos do hotel enviam as suas SSMs para a Manutenção, que gerenciará os serviços a serem executados e as condições para realizá-la. Depois de uma triagem inicial, serão dadas as ordens de serviço de manutenção.

Durante a rotina diária da governança, momento em que são vistoriadas todas as unidades habitacionais, ou quando houver uma solicitação direta do hóspede às camareiras, se for detectada a necessidade de algum reparo, serão emitidas as SSMs para um único responsável, evitando, dessa forma, repetidas solicitações para um mesmo serviço.

Eventualmente, o hóspede faz um pedido na recepção, que também emitirá uma SSM.

No caso de um serviço emergencial, qualquer departamento poderá fazer uma solicitação por telefone e, posteriormente, formalizá-la por meio da emissão da SSM, evitando-se, assim, a perda de controle por parte do departamento.

Normalmente, a Governança é o departamento que fará o maior número de SSMs à manutenção. Usualmente, as solicitações de serviços emitidas pelos outros setores do hotel se referem às manutenções corretivas.

Ordens de Serviço de Manutenção

Após o recebimento das SSM, a Manutenção emitirá as ordens de serviço, quando então será estabelecida a seqüência de execução dos serviços, considerando-se os seguintes aspectos:

- Situação emergencial;
- Grau de criticidade do equipamento ou instalação;
- Disponibilidade de mão-de-obra necessária;
- Possibilidade de terceirização dos serviços;
- Disponibilidade das unidades habitacionais e das áreas onde devem ser realizados os consertos e reparos;
- Horários mais adequados para as intervenções;
- Coordenação da execução dos serviços para que o barulho causado não interfira na realização de eventos e não incomode os hóspedes, podendo, para isso, utilizar-se de um período de baixa ocupação ou um feriado;
- Material necessário para a execução do reparo disponível;
- Estação climática do ano. Exemplo: reparo em um aquecedor de água deve ser realizado preferencialmente no verão, quando a necessidade de água quente é menor e pode ser mais facilmente suprida por um equipamento-reserva.

Após a emissão da Ordem de Serviço de Manutenção, o setor de Manutenção providenciará o material necessário para a execução dos serviços, devendo, portanto, contar com um estoque de material e de ferramentas específicos para o departamento.

A Manutenção deve providenciar a cada funcionário uma caixa de ferramentas com os materiais necessários para os serviços inerentes a sua função, devendo ainda disponibilizar a todos um quadro de ferramentas geral, além dos equipamentos de proteção individual.

Na falta de algum item para a realização do serviço, será emitida uma ordem de compra de material, o que demandará um tempo maior para a sua execução do serviço, que será reprogramada em função do recebimento desse item. Assim, enquanto aguarda a chegada do material, o profissional realizará outros serviços para os quais não faltam material em estoque e cuja área de atuação esteja disponível, interferindo o mínimo possível nas áreas operacionais.

A Ordem de Serviço de Manutenção deverá conter as seguintes informações:

- número de identificação;
- centro de custo gerador do serviço;
- localização da unidade habitacional, instalação ou equipamento;
- descrição do serviço a ser executado;
- mão-de-obra utilizada e tempo de execução do serviço;
- relação de materiais utilizados.

ORDEM DE SERVIÇO DE MANUTENÇÃO					Número da OSM	
Nome do Solicitante:		Área/Local:			Equipamento:	
Descrição do serviço	Início		Término		Tempo Gasto	Número Funcional
	Data	Hora	Data	Hora		
Material Utilizado	Mão de obra				Manutenção Externa	
	Prevista		H/h		Empresa:	
	Realizada		H/h			
Data ___/___/___	Assinatura do Gerente:					

Figura 5.4 Exemplo de ordem de serviço de manutenção.

O fluxo da OS será estabelecido em função das características de cada empresa. Caso ocorra um atraso na solução de uma solicitação de serviço, a manutenção, para evitar maiores transtornos, deverá informar a previsão de realização do serviço ao solicitante que, em comum acordo, encontrará uma alternativa. A seguir, os motivos de atraso na execução das OSMs:

- falta de material em estoque;
- indisponibilidade de mão-de-obra terceirizada necessária;
- unidade habitacional ocupada;
- indisponibilidade da área onde será realizada a intervenção;
- necessidade de ferramentas específicas;
- elaboração de orçamentos e aprovação para a execução do serviço;
- serviço crítico ou emergencial sendo realizado, tornando indisponível a mão-de-obra necessária.

Rotina diária

Diariamente, a manutenção deverá efetuar as regulagens e ajustes nos equipamentos e instalações que compõem a edificação e o sistema operacional, considerando a ocupação do hotel.

A medição dos consumos de água, energia e gás deverá ser realizada todos os dia e seus resultados constarão nas planilhas de consumo, que possibilitarão um controle maior desses gastos, evitando-se assim consumos desnecessários.

A Figura 5.5 mostra um exemplo de planilha diária de consumo de água no hotel.

A manutenção desenvolverá e executará os programas de manutenção preventiva por meio dos roteiros de inspeção, também chamados de *check list*.

Com o *check list*, pode-se verificar o estado dos equipamentos e das instalações, e organizar os serviços que serão executados pelos funcionários de manutenção.

MÊS:	CONSUMO DIÁRIO DE ÁGUA					
Dia	Funcionário	Horário	Taxa de Ocupação	Leitura Anterior (m³)	Leitura Atual (m³)	Consumo diário (m³)
1						
2						
3						
4						
5						
6						
7						
8						
9						
10						
11						
12						
13						
14						
15						
16						
17						
18						
19						
20						
21						
22						
23						
24						
25						
26						
27						
28						
29						
30						
31						

Figura 5.5 Exemplo de controle diário de água.

		Água			Energia			Gás		
		\multicolumn{11}{c}{CONTROLE MENSAL DO CONSUMO DE ÁGUA / ENERGIA / GÁS}
Mês	Méd. Ocup.	Consumo (m³)	Dias Cons.	Valor R$	Consumo (Kw/h)	Dias Cons.	Valor R$	Consumo (m³)	Dias Cons.	Valor R$
Jan.										
Fev.										
Mar.										
Abr.										
Maio										
Jun.										
Jul.										
Ago.										
Set.										
Out.										
Nov.										
Dez.										

Figura 5.6 Exemplo de controle mensal de água, energia e gás.

A Importância da Manutenção Hoteleira

CHECK LIST DE APARTAMENTOS

Nº APARTAMENTO:		FUNCIONÁRIO:	
DATA:			

PORTA		**ARMÁRIOS**	
LUSTRAÇÃO/PINTURA		ESTRUTURA E LIMPEZA	
DOBRADIÇAS		PINTURA E LUSTRAÇÃO	
GUARNIÇÕES		PORTA E FECHADURAS	
FECHADURA		DOBRADIÇAS E PUXADORES	
MAÇANETA		GAVETEIROS ABERTURA E FECHAMENTO	
TRINCO		PRATELEIRAS	
NÚMERO DA PORTA		CABIDEIRO	
EMENDA CARPETE APART./CORREDOR		COFRE	
BATENTES			
CARTÃO NÃO PERTURBE		**APARELHO DE AR-CONDICIONADO**	
		ESTADO GERAL E PINTURA	
ENTRADA		TOMADA 220V.	
INTERRUPTORES		COMANDOS/CONTROLE REMOTO	
CARPETE E TAPETE DA ENTRADA		FILTRO DE AR	
SOLEIRA		DRENO	
TOMADAS		CAIXA DE FIXAÇÃO ESTADO GERAL	
TOMADA DO FRIGOBAR		FRENTE RUÍDO	
ARMÁRIO DO FRIGOBAR			
FECHADURA DO FRIGOBAR		**TELEVISÃO**	
PAREDE E PINTURA		OPERAÇÃO GERAL E FUNCIONAMENTO	
PINTURA DO TETO		DECODIFICADOR	
LUMINÁRIA DO TETO		TOMADAS E CONECTORES	
RODAPÉ		FRENTE DO TELEVISOR	
ILUMINAÇÃO DO FRIGOBAR		ESTADO GERAL DOS CONTROLES	
LÂMPADA DO TETO		PILHAS DOS CONTROLES	
ESPELHOS		SOM E IMAGEM TV A CABO	
LUMINÁRIA		INSTRUÇÕES DE USO	
FRIGOBAR		**BANHEIRO**	
VERIFICAR LÂMPADAS INTERNAS		ESTADO GERAL E PINTURA	
PINTURA		PINTURA JANELA DE VENTILAÇÃO	
VEDAÇÃO		VAZAMENTOS, UMIDADE, LIMPEZA	
VERIFICAR FORMAÇÃO DE GELO OU UMIDADE		VÁLVULA HIDRA	
RUÍDO EXCESSIVO		VASO SANITÁRIO	
TESTAR TERMOSTATO		ASSENTO E TAMPA DO VASO	
		FIXAÇÃO DO VASO	
CAMA		TAMPAS DO MISTURADOR	
ESTRUTURA		ESTADO GERAL DA PIA DE MÁRMORE	
PÉS E SUPORTE		CUBA DA PIA	
ESTADO DOS COLCHÕES		ESPELHOS E TOMADAS DA PIA	
ACABAMENTOS		LÂMPADAS E LUSTRES	
		ARMÁRIO E ESPELHO DA PIA	
MOBÍLIA		VIDRO DO BOX	
ESTADO GERAL		PUXADORES E GUIAS DO BOX	
ESTRUTURA E PÉS		TAMPAS DOS RALOS	
TAMPOS DE MESA E ESCRIVANINHA		PISOS E AZULEJOS	
FÓRMICAS		REJUNTAMENTO	
GAVETAS ABERTURA E FECHAMENTO		SOLEIRAS	
PUXADORES		PAPELEIRA	
RODAS		CESTO DE PAPEL	
FIXAÇÃO E APERTO DE PARAFUSOS		BANHEIRA	
CINZEIRO		SABONETEIRA	
LISTAS TELEFÔNICAS		CHUVEIRO ESTADO GERAL	
CARTÕES ROUPARIA/LAVANDERIA/MANUTENÇÃO		MISTURADORES E ACABAMENTOS	
CARDÁPIO		TOALHEIROS	

B = BOM
C = CONSERTAR
T = TROCAR

OBSERVAÇÕES:
_____
_____
_____

_____
VISTO DO GERENTE

Figura 5.7 Exemplo de *check list* de apartamento.

Responsabilidades do Departamento

A manutenção dos hotéis tem como principais responsabilidades:

- prestar assistência técnica a todos os departamentos do hotel;
- definir as prioridades de execução das solicitações de serviço;
- obter o melhor desempenho dos equipamentos e instalações com o menor custo;
- treinar e orientar os usuários das máquinas e equipamentos;
- reduzir o número de solicitações de serviço por meio da manutenção preventiva;
- controlar os estoques de materiais e ferramentas de manutenção;
- elaborar e executar programas de treinamento e manutenção preventiva;
- organizar o arquivo técnico;
- controlar a garantia dos equipamentos e serviços de terceiros;
- manter-se atualizado em relação às normas;
- elaborar orçamentos de serviços a serem realizados;
- contratação de serviços terceirizados;
- especificar e receber materiais e novos equipamentos;
- emitir solicitação de compras de materiais e equipamentos;
- elaborar manuais de operação e serviços;
- cadastrar os equipamentos e manter uma ficha atualizada;
- emitir relatórios específicos e periódicos de suas atividades.

Tipos de Manutenção

- Manutenção Corretiva
- Manutenção Corretiva Programada
- Manutenção Preventiva
- Manutenção Preditiva

Manutenção Corretiva

É a manutenção realizada após a ocorrência de uma falha. Neste tipo de manutenção, não se torna possível prever os serviços a serem executados, atuando-se de forma aleatória e inconsistente.

Ela atuará no caso de parada do equipamento, perda de desempenho ou de produção.

Isso significa, que nem sempre a corretiva será a manutenção emergencial.

Manutenção Corretiva Programada

Quando o equipamento estiver com desempenho menor do que o esperado, não representado riscos, pode-se utilizar a manutenção corretiva programada, que se caracteriza pela escolha do momento certo para a execução dos serviços. Por exemplo, se um elevador estiver com uma lâmpada queimada em um momento de fluxo intenso (como quando um grupo está saindo do hotel), deverá se programar essa correção para um horário mais adequado.

Manutenção Preventiva

É a manutenção realizada com a intenção de reduzir a probabilidade de falha de um equipamento, instalação ou serviço prestado.

São os serviços que podem ser previstos e programados para antes do provável aparecimento da falha. Esta previsão de revisão é indicada pelo fabricante, histórico do equipamento ou da instalação.

O histórico do equipamento é encontrado nas Ordens de Serviço de Manutenção, geradas durante o tempo em que já foi usado.

Vantagens da Manutenção Preventiva:

- ❏ aumento da vida útil dos equipamentos e instalações;
- ❏ maior segurança e garantia de funcionamento contínuo das instalações;
- ❏ redução da necessidade de serviços de emergência e de terceiros;
- ❏ valorização do patrimônio.

Manutenção Preditiva:

É executada com o equipamento em operação, utilizando-se sensores ou instrumentos especiais para a detecção de anormalidades.

Na Manutenção Preditiva, pode-se estender ao máximo a vida do equipamento.

Documentos que fazem parte do departamento de manutenção:

- Auto de Vistoria do Corpo de Bombeiros (AVCB);
- cadastro dos fornecedores e dos serviços terceirizados;
- Relatório Anual de Elevadores;
- *check list* de equipamento e sistemas;
- controles e relatórios dos *check list*;
- cópias das ordens de serviço;
- garantias dos equipamentos instalados;
- manuais de operação dos equipamentos;
- laudo Sistema de Proteção e Descarga (SPDA);
- Programa de Prevenção de Riscos Ambientais (PPRA);
- cópias mensais das contas de água, energia e gás;
- laudo de potabilidade de água;
- Plano de Manutenção Organização e Controle de Sistemas de Ar-Condicionado (PMOC);
- diário de providências e soluções;
- programação anual de manutenção preventiva;
- avaliação da manutenção;
- arquivo técnico;
- plantas e desenhos de elétrica e hidráulica;
- plantas dos dutos e sistemas de ar-condicionado;
- plantas do sistema de gás;
- plantas de CFTV;

- plantas e desenhos do sistema de incêndio;
- resultados de testes de manutenção preventiva nas instalações e equipamentos.

Principais problemas de manutenção:

- qualificação de mão-de-obra;
- comunicação interna deficiente;
- necessidade de decisões e soluções precipitadas em função da pressão para a execução de serviços urgentes;
- alterações freqüentes nos projetos e instalações originais;
- deficiência de arquivo técnico;
- dificuldade para a aquisição de materiais, acessórios e ferramentas de acordo com as especificações;
- dificuldade de manutenção preventiva, principalmente pela necessidade de seu deslocamento para outros serviços inadiáveis e não previstos.

Contratação de Terceiros

Para a manutenção, é comum a utilização de serviços terceirizados. No fechamento dos contratos, alguns cuidados básicos devem ser tomados para evitar problemas futuros na execução dos serviços:

- clara especificação dos serviços, tipo e programa de manutenção a cobrir;
- periodicidade das intervenções, garantias e qualidade de pessoal técnico;
- agilidade de soluções e execução dos serviços;
- elaboração de contrato de maneira que o fornecedor cumpra os serviços conforme as especificações e normas vigentes.

Conclusão

A boa imagem de um hotel consolida-se com o bom atendimento aos clientes, proporcionando-lhes bem-estar, conforto e segurança, o que, em grande parte, será responsabilidade da manutenção.

Não é necessário que o profissional tenha o conhecimento para realizar a manutenção em equipamentos específicos, e sim uma visão global dos sistemas que compõem as operações hoteleiras, conhecendo seus princípios básicos, a melhor maneira de otimizá-los e o seu gerenciamento.

O futuro profissional deverá ter um bom conhecimento da área, pois ela é uma das chaves de competitividade no setor hoteleiro.

Bibliografia

ASSALY, Franklin; BENATTI, Renato. *Manutenção predial para edifícios residenciais.* Apostila. São Paulo: Senac/Secovi.

TAVARES, Lourival. *Excelência na manutenção.* 2. ed. Salvador: Casa da Qualidade, 1996.

TAKAHASHI, Yoshikazu. *Manutenção produtiva total.* 1. ed. São Paulo: Iman,1993.

ZANELLA, Luis Carlos. *Manutenção hoteleira.* 2. ed. Porto Alegre: CHT, 1995.

6

Marketing na Administração de Meios de Hospedagem

Fátima Guardani

Resumo

Este capítulo procura abordar, de forma sucinta e objetiva, os principais tópicos que devem direcionar a gestão de marketing na administração de meios de hospedagem, dentre eles: a análise da localidade, a identificação do perfil do público-alvo, o estudo dos ambientes de mercado, a verificação da concorrência e a adequação do composto de marketing ao segmento que se pretende atingir. A intenção é fornecer ao leitor um panorama geral da gestão de marketing voltada ao setor de hospedagem.

Introdução

O termo marketing refere-se às ações desempenhadas no mercado que envolvem a troca de produtos e serviços, visando a satisfação de necessidades e desejos do ser humano. "Marketing significa administração de mercados para efetuar trocas e relacionamentos com o propósito de criar valor e satisfazer necessidades e desejos" (Kotler; Armstrong, 2003, p. 8). Nesse sentido, produtos e serviços são criados, desenvolvidos e promovidos para que os consumidores os conheçam e por eles se interessem, depois, são colocados à venda por um determinado preço. Os fatores relacionados à satisfação das necessidades e desejos dos consumidores formam o **composto de marketing**, que abrange o desenvolvimento e o planejamento das características dos **produtos** ou serviços que serão oferecidos (no caso da hospedagem, trata-se de prestação de serviços), o **preço** que lhes será atribuído, a forma como será realizada a **promoção** no sentido de despertar o interesse dos consumidores, além das características dos **pontos-de-venda**.

Está subentendido no marketing da administração hoteleira que os serviços de hospedagem devem ser planejados, divulgados e vendidos com o objetivo de **satisfazer as necessidades e desejos** daqueles que podem vir a consumi-los. Para tanto, é necessário conhecer o perfil dos consumidores que se deseja atingir, considerando suas características, que dependem do perfil dos turistas que freqüentam a localidade, na qual o hotel, pousada ou *flat*, esteja situado.

Por isso, a identificação do perfil dos consumidores envolve a análise das características da localidade na qual o meio de hospedagem está inserido, bem como dos turistas que representam seu público-alvo.

Análise da Localidade

A análise da localidade envolve o levantamento dos fatores que podem interferir no perfil dos consumidores dos serviços dos meios de hospedagem locais. Devem ser observados, principalmente, os quatro aspectos citados a seguir.

- ❑ Os tipos e a quantidade de **atrativos** da localidade são os componentes que podem atrair os turistas e definir o perfil das atividades que serão por eles vivenciadas. Esses atrativos podem ser de vários tipos: naturais (praias, montanhas, lagos, rios, cavernas, vegetação preservada, fauna), edificações e monumentos históricos preservados, características arquitetônicas, parques temáticos, gastronomia, artesanato típico, aspectos culturais em geral. Além disso, os centros de estudos ou de eventos, bem como as empresas atuantes na região, podem atrair turistas para cursos, feiras e congressos, ou tratar de negócios. Acontecimentos locais também são passíveis de despertar o interesse de turistas, sejam eles eventos folclóricos, culturais, desportivos ou religiosos.

- ❑ As características dos **serviços de apoio** são os fatores que permitem a permanência dos turistas na região e se referem ao perfil dos meios de hospedagem locais, bares e restaurantes, lojas do comércio, agências locais que realizam passeios e demais serviços dos quais os turistas possam precisar, como segurança, serviços médicos, transporte, telefonia etc. Dessa forma, os serviços de hospedagem revelam-se facilitadores da permanência dos turistas em uma localidade que os interessa. Não obstante, em alguns casos, o próprio meio de hospedagem pode conquistar o cliente, como ocorre com os *resorts*, hotéis-fazenda e hotéis-cassino, os quais possuem atrativos independentes, bem como alguns meios de hospedagem diferenciados arquitetonicamente, como o Ice Hotel em Quebec, no Canadá, ou que chamam a atenção pelo luxo, como o Burj al Arab, nos Emirados Árabes.

- A facilidade de **acesso** à região é formada pelas condições da infra-estrutura de transportes — como as estradas, os aeroportos, as balsas, as rodoviárias —, bem como pelas características dos meios de transporte, que são identificadas por meio dos vôos que partem para a região e as linhas de ônibus que a servem. Outro aspecto importante é a distância entre a localidade e os principais pólos emissores, as regiões de onde podem vir os turistas. Geralmente, localidades mais próximas dos pólos emissores têm mais facilidade para receber turistas durante os fins de semana ou feriados.

- A relação entre a localidade e suas **vizinhas**: as localidades que compõem uma região podem estabelecer uma relação de sinergia, uma vez que os turistas podem realizar roteiros de viagem que incluam atrativos e serviços de vários municípios, como ocorre na região sul do Brasil. Por outro lado, pode-se estabelecer uma situação em que os turistas hospedam-se em uma localidade principal e apenas visitam os atrativos das cidades vizinhas, onde permanecem por menos de 24 horas e não utilizam os serviços de hospedagem. É isso que acontece, por exemplo, em várias cidades litorâneas do nordeste do Brasil. Sendo assim, é necessário conhecer o perfil dos atrativos, dos serviços e do acesso que caracterizam as localidades vizinhas à analisada.

A observação desses quatro pontos permite que o administrador hoteleiro perceba alguns aspectos importantes sobre a demanda da localidade, sua sazonalidade e o perfil dos hóspedes que pode vir a receber, pois proporciona a identificação das razões que levam os turistas ao local, as atividades que realizam, bem como o tempo que permanecem e as dificuldades que encontram para chegar. Além disso, "torna-se possível conhecer o cenário turístico do pólo analisado, composto não somente pelos atrativos turísticos efetivamente existentes, mas também por recursos em fase potencial" (Lage; Milone, 2000, p. 29).

Esses fatores também podem suscitar diferenças demográficas, culturais e comportamentais nos consumidores dos serviços de hospedagem, que devem ser analisadas para que se identifiquem as características que o meio de hospedagem deve apresentar, a faixa de preço em que pode atuar, como podem ser divulgados os serviços e como eles devem ser comercializados, sempre visando a satisfação das necessidades dos consumidores.

Análise do Perfil dos Consumidores

A análise do perfil dos consumidores abrange vários aspectos que devem ser levados em consideração para que o administrador hoteleiro tenha noção do **segmento de mercado** que poderá atingir. "Segmentação de mercado é o processo de dividir um mercado em grupos de compradores potenciais que tenham semelhantes necessidades e desejos, percepções de valores ou comportamentos de compra" (Churchill; Peter, 2000, p. 204). Dessa forma, dentre todos os possíveis consumidores da localidade, define-se qual é o perfil que determina o conjunto de consumidores que se pretende possuir como cliente, o público-alvo do meio de hospedagem. Os fatores que devem ser considerados para se analisar um segmento de mercado envolvem a classificação dos consumidores de acordo com quatro características. São elas:

- **Características geográficas**: dizem respeito ao local de origem e à moradia dos turistas, como bairro, cidade, Estado e país.
- **Características demográficas**: estão relacionadas ao perfil socioeconômico, sexo, faixa etária, tamanho da família, estado civil, nível de renda, grau de instrução, profissão e ocupação do turista.
- **Características comportamentais**: indicam hábitos e preferências, freqüência de viagem, época em que costumam viajar, localidades para as quais viajam, freqüência com a qual vêm à localidade, atividades que gostam de realizar, quanto gastam na localidade, produtos que costumam comprar, hábitos alimentares, tipos de meios de hospedagem preferidos, forma de chegar à localidade.

❑ **Características psicográficas**: referem-se a gostos, personalidade, atitudes, estilos de vida, preocupações, princípios e valores dos turistas.

Na definição do público-alvo, devem ser analisadas as semelhanças e diferenças entre os consumidores, para não se atrair segmentos excludentes entre si, em uma mesma ocasião. O meio de hospedagem pode optar por vários perfis de consumidores, mas deve-se observar a complementaridade entre os segmentos que compõem o público-alvo, para que a experiência vivenciada pelos hóspedes não seja prejudicada.

Além dessas quatro características, é importante entender o perfil de quem efetivamente escolhe o meio de hospedagem, pois freqüentemente os turistas viajam com a família, casais ou grupos. Nesse caso, todos podem opinar, mas, às vezes, a decisão sobre onde se hospedar pode estar centralizada em algum dos integrantes. Além disso, deve-se observar que, no caso do turista que viaja a trabalho, a empresa ou instituição reserva sua estadia, por isso, é importante entender os critérios e o perfil das pessoas da organização envolvidas no processo de decisão de compra, que serão as responsáveis pela escolha da hospedagem.

O Processo de Decisão dos Consumidores

O processo de decisão dos consumidores, na hotelaria, refere-se à decisão de adquirir os serviços de um meio de hospedagem, situado em uma determinada localidade. Os consumidores escolhem, dentre as localidades, aquela que mais lhes agrada e, dentre os seus meios de hospedagem, aqueles que parecem melhor satisfazer suas necessidades, a um custo aceitável. "O ponto de partida de qualquer decisão de compra é uma necessidade do consumidor" (Blackwell, Miniard; Engel, 2005, p. 74).

As **necessidades** dos consumidores podem ser de vários tipos e se refletem na própria escolha do local, constituindo-se nos fatores **motivadores** dos turistas, que podem ser: descanso, fuga da rotina, curiosidade de conhecer lugares novos, vontade de vivenciar novas experiências, interesses culturais, compras, prática de esportes, atividades religiosas, participação em eventos e também atividades profissionais, como é o caso do turismo de negócios. As escolhas que os turistas fazem também são influenciadas pela segurança que o local lhes proporciona, pelo conforto exigido e pela percepção que possuem das marcas dos serviços de hospedagem, já que, se forem conhecidas e bem conceituadas, podem fornecer uma noção da qualidade dos serviços e também proporcionar *status* aos clientes.

O **levantamento** das localidades e dos meios de hospedagem para os quais os turistas podem ir está ligado, por um lado, à sua memória, porque muitas pessoas dirigem-se aos locais que gostaram muito ou que já ouviram falar. No entanto, o **retorno** dos turistas também depende das características dos atrativos da região. Algumas localidades são visitadas apenas por curiosidade, e o retorno dos turistas somente acontece depois de muito tempo, como em algumas cidades que possuem unicamente atrativos históricos. No entanto, dois fatores são muito importantes na **escolha** da localidade e do meio de hospedagem: as indicações das pessoas nas quais os consumidores confiem ou com as quais se identifiquem; e a divulgação por meio de revistas e jornais especializados, que proporcionam credibilidade aos serviços de uma localidade ao citá-los e indicá-los nas reportagens. Além disso, não se pode negligenciar a importância da Internet como fonte de consulta e visualização dos locais; o papel das publicações, como o *Guia 4 Rodas*, que é uma importante fonte de referência; além dos folhetos e informações fornecidos pelos agentes de viagens.

Depois do levantamento das opções de **escolha**, os consumidores avaliam cada uma delas para finalmente decidir qual será a localidade e o meio de hospedagem. Os critérios de escolha utilizados são vários, dentre eles:

❏ As características que satisfaçam suas necessidades, como atividades que desejam realizar, conforto que esperam obter, tipo de serviço que desejam;
❏ O valor financeiro a ser desembolsado na viagem como um todo, incluindo o preço da estadia e as condições e prazos de pagamento;
❏ A distância a ser percorrida e o tempo necessário para desfrutar dos atrativos do local, bem como a distância entre os meios de hospedagem, os atrativos e os demais serviços;
❏ As expectativas de todos os participantes da viagem, pois na maioria dos casos as pessoas não viajam sozinhas, mas com casais, família ou amigos;
❏ A identificação entre o próprio estilo de vida e o dos demais turistas que estarão freqüentando simultaneamente a localidade;

❑ O gosto de cada um em relação aos fatores da ambientação dos meios de hospedagem, como decoração e infra-estrutura, bem como os relacionados aos aspectos do turismo no local, como os tipos de atrativos, serviços, condições de acesso e as localidades próximas.

Após o processo de escolha, inicia-se a fase em que os consumidores efetuam suas reservas diretamente com os meios de hospedagem ou pelo intermédio das agências de viagens para, posteriormente, efetivarem a viagem. A realização das reservas pode ser influenciada pela sazonalidade do turismo no local, já que, na baixa temporada, os turistas podem optar pelo meio de hospedagem depois de terem chegado à localidade escolhida.

No caso da realização prévia da reserva, o **consumo** da hospedagem envolve um tempo que antecede o momento em que se iniciará, de fato, a viagem e a utilização dos serviços. Durante esse período intermediário, corre-se o risco de que os consumidores simplesmente desistam da viagem, às vezes até por fatores pessoais, como um problema de saúde, ou fatores ambientais, como uma mudança climática. Além disso, durante esse tempo, os futuros hóspedes ficam sujeitos a uma série de informações que podem torná-los desconfiados em relação à qualidade da viagem que farão, como alguma opinião negativa sobre a localidade ou a leitura de alguma informação que lhes dê a idéia de que talvez suas expectativas não sejam satisfeitas.

O consumo dos serviços, do ponto de vista dos turistas, inicia-se com a partida para a viagem e, ao retornarem, eles avaliam o **grau de satisfação** como um todo. "Engloba a experiência completa, desde o momento que sai de casa para viajar, até o retorno" (Ruschmann, 1999, p. 26). É realizada uma avaliação não apenas dos serviços de hospedagem, como também dos serviços das agências locais, dos atendentes dos restaurantes e das lojas, das características dos atrativos e da infra-estrutura de transporte utilizada. Nesse processo de avaliação, os turistas analisam o grau de satisfação que obtiveram com a viagem, comparando suas expectativas iniciais e o tempo e dinheiro gasto na sua realização com as outras possíveis viagens ou até mesmo com as aquisições que poderiam ter feito, utilizando os mesmos recursos.

Como resultado dessa avaliação, os consumidores podem se sentir satisfeitos, acreditando que suas expectativas foram cumpridas e que as necessidades que os motivaram, de um modo geral, foram satisfeitas; podem ficar encantados com a viagem que realizaram, desejando retornar ao local em outra ocasião e indicando-o ao grupo de amigos, familiares e conhecidos; ou podem se sentir insatisfeitos, desejando simplesmente não retornar à localidade ou ao meio de hospedagem. Nesse último caso, há a possibilidade dessas pessoas influenciarem negativamente a escolha de outros consumidores e, até mesmo, de publicar cartas em revistas e jornais, expondo a má experiência vivenciada.

Na hotelaria, o processo de avaliação da satisfação dos consumidores relaciona-se tanto à avaliação de cada serviço consumido quanto à **avaliação completa da viagem**. Por isso, os serviços de hospedagem são avaliados pelos turistas durante a sua estadia e também ao final dela. No entanto, o grau de satisfação com a viagem como um todo se reflete na satisfação em relação à hospedagem. Esse aspecto reforça a necessidade do administrador hoteleiro de conhecer os demais serviços da localidade, para que possa indicar a seus hóspedes os restaurantes, passeios e lojas que contribuam para reforçar a percepção positiva do turista, levando em consideração o perfil de cada hóspede.

Também é importante a participação de representantes dos meios de hospedagem junto à comunidade, no sentido de informar eventuais problemas comentados pelos hóspedes, que estejam prejudicando a experiência dos turistas na região. Por isso, é preponderante que o turismo seja tratado em conjunto, abarcando membros do setor de hospedagem, da prefeitura local, do comércio, dos restaurantes e bares, ou seja, todos aqueles que trabalham com a prestação dos serviços, não se esquecendo dos representantes da comunidade, uma vez que os moradores convivem diretamente com os turistas.

É necessário treinar os funcionários de atendimento dos meios de hospedagem para observar o comportamento dos hóspedes e entenderem suas necessidades; eles precisam estar habilitados a dar informações e indicar atrativos e serviços da localidade. Não se deve esquecer a grande responsabilidade do administrador hoteleiro em proporcionar o máximo de satisfação a seus clientes, pois um hóspede que viaja a lazer — seja no fim de semana, feriado ou férias — dedica o seu precioso tempo livre à localidade, arcando, para isso, com vários custos. Por outro lado, o hóspede que viaja a trabalho pode sentir que suas atividades foram prejudicadas pela falta de qualidade, agilidade ou presteza nos serviços de hospedagem, o que pode levá-lo a escolher outro estabelecimento para se hospedar, no caso de necessitar retornar ao local.

Além de conhecer o perfil dos consumidores, deve-se entender suas expectativas e os motivos pelos quais escolhem determinada localidade como destino, tentando fornecer-lhes mais do que satisfação — encantamento — para que retornem em outra ocasião e indiquem o local, despertando o interesse de outros consumidores. Vale ressaltar que "a qualidade do serviço é o grau em que um serviço atende ou supera as expectativas do cliente" (Lovelock; Wright, 2001, p. 102). Complementarmente, não basta ao departamento de marketing de um empreendimento hoteleiro apenas adequar os serviços, o preço, a divulgação e a forma de vender ao perfil dos consumidores, é preciso também avaliar as modificações que ocorrem nos ambientes de mercado.

A Análise dos Ambientes de Mercado

Na análise dos ambientes, deve constar a identificação de mudanças que podem ocorrer e que afetam o mercado da hotelaria, de forma que interfiram na demanda pelos meios de hospedagem e na modificação do perfil dos turistas de uma localidade. Essas mudanças podem trazer oportunidades para o empreendimento, gerando uma maior demanda para o local, ou representar ameaças, vindo a prejudicar sua atuação no mercado. "Ao mesmo tempo em que oferece fatores de risco, o ambiente também oferece fatores de oportunidade, possibilidades de domínio e vantagens em determinadas situações" (Vaz, 1999, p. 19). Por isso, o administrador hoteleiro, além de identificar o perfil dos consumidores, deve ficar atento às mudanças que podem ocorrer no ambiente, dentre elas pode-se citar as:

- ❑ Econômicas: alterações no câmbio, inflação, modificações nas taxas de juros, na disponibilidade de crédito, nas alíquotas dos impostos, no nível de renda da população, nas taxas de desemprego.
- ❑ Políticas: mudanças no governo federal, estadual ou municipal; na direção de associações e órgãos reguladores do setor; manifestações e movimentos políticos.
- ❑ Legislativas: mudanças nas leis e nos acordos que regem o setor, modificações na forma de fiscalização.
- ❑ Demográficas: variações no perfil da população, como as na faixa etária, na composição das classes socioeconômicas, na distribuição entre os se-

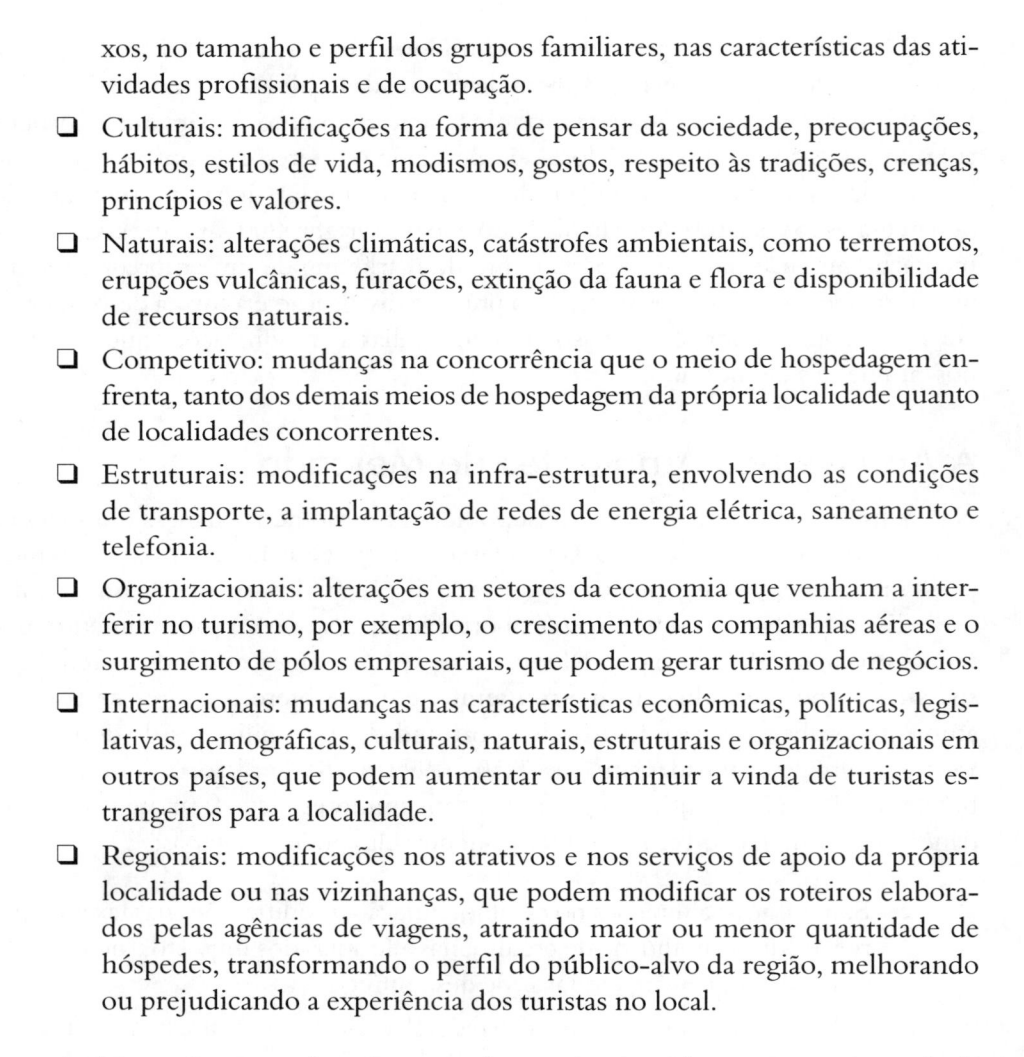

xos, no tamanho e perfil dos grupos familiares, nas características das atividades profissionais e de ocupação.

❑ Culturais: modificações na forma de pensar da sociedade, preocupações, hábitos, estilos de vida, modismos, gostos, respeito às tradições, crenças, princípios e valores.

❑ Naturais: alterações climáticas, catástrofes ambientais, como terremotos, erupções vulcânicas, furacões, extinção da fauna e flora e disponibilidade de recursos naturais.

❑ Competitivo: mudanças na concorrência que o meio de hospedagem enfrenta, tanto dos demais meios de hospedagem da própria localidade quanto de localidades concorrentes.

❑ Estruturais: modificações na infra-estrutura, envolvendo as condições de transporte, a implantação de redes de energia elétrica, saneamento e telefonia.

❑ Organizacionais: alterações em setores da economia que venham a interferir no turismo, por exemplo, o crescimento das companhias aéreas e o surgimento de pólos empresariais, que podem gerar turismo de negócios.

❑ Internacionais: mudanças nas características econômicas, políticas, legislativas, demográficas, culturais, naturais, estruturais e organizacionais em outros países, que podem aumentar ou diminuir a vinda de turistas estrangeiros para a localidade.

❑ Regionais: modificações nos atrativos e nos serviços de apoio da própria localidade ou nas vizinhanças, que podem modificar os roteiros elaborados pelas agências de viagens, atraindo maior ou menor quantidade de hóspedes, transformando o perfil do público-alvo da região, melhorando ou prejudicando a experiência dos turistas no local.

A observação atenta de todos esses fatores é preponderante para que o administrador de um meio de hospedagem possa aproveitar o surgimento de oportunidades no setor, bem como se defender de eventuais ameaças. Nesse caso, ele pode tentar se adaptar da melhor forma possível ou, até mesmo, tirar proveito, transformando essas ameaças em oportunidades. É claro que, para conseguir identificar todas essas mudanças, é importante que o administrador hoteleiro mantenha-se informado, só assim ele conseguirá adaptar seus serviços, preços, divulgação e vendas às novas situações que surgirem. Dentre os ambientes citados, destaca-se especialmente o competitivo, relacionado à concorrência.

A Análise da Concorrência

A concorrência de um meio de hospedagem pode se apresentar de várias maneiras. A concorrência direta refere-se aos meios de hospedagem da própria localidade, que tenham estrutura, características e público-alvo semelhantes. No entanto, todos os meios de hospedagem de uma localidade concorrem entre si, mesmo que as estruturas, características e público-alvo sejam diferentes, por constituírem a gama de alternativas que os turistas podem escolher no local.

Além disso, exercem concorrência também os meios de hospedagem situados em outras localidades, cujos atrativos, serviços e facilidade de acesso sejam parecidos. Por isso, na hotelaria, não basta observar apenas a concorrência **direta**, constituída pelos meios de hospedagem similares no próprio local, nem tampouco a concorrência **regional**, das diversas formas de hospedagem disponíveis. É importante considerar também a concorrência **indireta**, provocada por localidades concorrentes, que possam oferecer, ao mesmo perfil de turistas, experiências parecidas, proporcionando as mesmas satisfações por meio dos atrativos e serviços disponíveis, a um custo semelhante.

A avaliação da concorrência nesses três níveis — direta, regional e indireta — deve ser realizada comparativamente, ou seja, examinando-se as vantagens e desvantagens de cada meio de hospedagem concorrente, tendo como base o perfil e as expectativas do público-alvo, com o objetivo de tentar superar os demais concorrentes na captação e satisfação dos hóspedes.

A Obtenção das Informações

Nos tópicos anteriores, observa-se a necessidade do entendimento e da observação do perfil do público-alvo e do ambiente. Como os consumidores também sofrem as modificações ambientais, é preponderante adaptar o composto de marketing às suas novas necessidades e motivações. Para tanto, é importante que o administrador de um meio de hospedagem obtenha informações, utilizando várias fontes:

- notícias e programas específicos sobre turismo, nas emissoras de rádio e televisão;
- leitura de jornais e revistas, tanto os de grande circulação quanto os setoriais;
- consultas na Internet, verificando os *sites* da concorrência em geral;
- leitura de livros e revistas técnicas que possam auxiliar no entendimento da administração do meio de hospedagem;
- participação em reuniões de órgãos e associações do setor de hotelaria e turismo na região;
- observação freqüente da localidade e das atividades realizadas pelos turistas;
- conversas informais com os hóspedes, tentando conhecê-los pessoalmente e entender rapidamente os eventuais problemas que estejam ocorrendo;
- aplicação de questionários aos hóspedes, no momento em que terminam a estadia no local, verificando o grau de satisfação em relação aos vários aspectos da infra-estrutura e dos serviços do meio de hospedagem; atrativos, passeios realizados e demais serviços e comércio da localidade; intenção dos turistas em retornar ao local e de indicá-lo a outros consumidores.

Dependendo do tamanho e da capacidade de ocupação, torna-se inviável para o próprio administrador efetuar todas essas tarefas. Nesse caso, é importante que treine e incentive seus funcionários de atendimento para que não deixem de questionar os hóspedes sobre a qualidade do serviço e da infra-estrutura, bem como apliquem os questionários que, nesse caso, devem ser preenchidos, fechados e depositados em uma urna, pelos próprios hóspedes. Cabe ao administrador do meio de hospedagem abrir a urna e proceder à quantificação e à análise dos resultados dos questionários aplicados, cujas informações serão úteis na adequação do composto de marketing.

A Adequação do Composto de Marketing

Após todas as análises — baseadas no perfil da localidade e do público-alvo —, as ameaças e oportunidades proporcionadas pelos ambientes de mercado e as vantagens e desvantagens diante da concorrência, torna-se necessário planejar a forma como o empreendimento deve se posicionar no mercado, considerando-se todas as informações obtidas e constantemente coletadas. O administrador hoteleiro deve planejar e adequar, freqüentemente, o composto de marketing do meio de hospedagem, adaptando os produtos, no caso, os serviços, o preço, a forma de promoção e os pontos-de-venda da hospedagem.

Produtos e Serviços

O administrador de um meio de hospedagem deve planejar e adequar:

- as características arquitetônicas, o tamanho e a quantidade de quartos, o número de leitos, a decoração dos quartos;
- o tamanho, as características e a decoração dos bares e restaurantes utilizados pelos hóspedes ou abertos ao público, dos equipamentos de lazer, como piscina, sauna, brinquedos, sala de jogos e sala de ginástica;
- a estrutura de estacionamento, a quantidade de vagas e o serviço de manobristas;
- a estrutura e os serviços envolvidos na hospedagem de convenções e na elaboração de eventos;
- os serviços a serem prestados aos hóspedes e o perfil dos funcionários neles envolvidos, tanto no atendimento quanto na limpeza e manutenção;
- o cardápio de alimentos e bebidas a serem oferecidos, bem como os horários de funcionamento dos bares e restaurantes;
- a colocação de *souvenirs* para serem vendidos aos hóspedes, como lembranças da hospedagem ou da localidade;
- a realização de eventos específicos para atrair hóspedes na baixa temporada;
- a elaboração de pacotes envolvendo passeios na região.

Preço

Quanto a este item, cabe estipular:

- as tarifas de preços das diversas categorias de quartos, dos produtos e serviços fornecidos nos bares e restaurantes, dos artigos vendidos aos hóspedes, da estrutura e dos serviços oferecidos para eventos;

- as condições e os prazos de pagamento, inclusive o valor das reservas antecipadas;
- os descontos para a recepção de grandes grupos ou para as agências de viagens;
- as eventuais diferenças de preços entre baixa e alta temporada;
- o programa de descontos em função da fidelidade dos hóspedes que retornam ou indicam o estabelecimento a outros hóspedes.

Promoção

Para promover o estabelecimento, deve-se considerar:

- as formas e canais de divulgação mais adequadas, dentre elas jornais, revistas ou programas de rádio e televisão;
- a participação em reportagens relacionadas à região;
- a participação em publicações específicas, como guias de viagem;
- a manutenção de *site* próprio na Internet e de *links* em *sites* específicos que divulguem a região;
- o patrocínio de eventos voltados à atração de turistas;
- o patrocínio de programas de preservação ambiental ou em programas sociais da região;
- as placas, letreiros ou sinalizações na localidade, indicativas do empreendimento;
- o envio de correspondências impressas ou eletrônicas aos clientes cadastrados, oferecendo-lhes pacotes, descontos ou a participação em eventos da localidade, com o objetivo de tê-los novamente hospedados;
- a participação em mapas distribuídos nos centros de informações turísticas locais;
- a elaboração de cartazes e folhetos a serem distribuídos em agências de viagens.

Ponto-de-Venda

Para a venda dos serviços oferecidos pelo meio de hospedagem, deve-se observar:

- as formas de realização das reservas;
- a eventual utilização de central de reservas;
- o convênio e parceria com instituições públicas ou privadas;
- o convênio com agências de viagens dos prováveis pólos emissores;
- a participação em roteiros específicos oferecidos pelas agências de viagens.

Para tanto, não se deve esquecer a importância do treinamento dos funcionários de atendimento, que devem conhecer todos os aspectos acima relacionados, para que possam fornecer todas as informações necessárias aos consumidores, tanto no momento da reserva quanto durante a hospedagem.

A adequação do composto de marketing deve ocorrer de forma contínua, a partir da interação com os hóspedes, das informações coletadas e da adaptação às mudanças observadas.

Considerações Finais

A partir do que foi exposto, nota-se a importância do trabalho de marketing a ser realizado pelo administrador hoteleiro, pois negligenciar qualquer um dos aspectos que o compõe pode implicar a perda de possíveis clientes para a concorrência. Não se deve esquecer que os consumidores estão cada vez mais bem informados e exigentes, o que leva à necessidade de ficar atento aos aspectos que envolvem a satisfação dos hóspedes, inclusive tentando fidelizá-los, desenvolvendo ações para que retornem.

Essas ações podem ser realizadas por meio de promoções específicas, eventos segmentados pelo perfil dos clientes cadastrados, programas de descontos e até mesmo do desenvolvimento de experiências vivenciadas pelos hóspedes. Pelo fato do turismo caracterizar-se pela prestação de serviços, os consumidores podem ter uma recordação diferenciada daquele meio de hospedagem no qual lhes foi proporcionado um curso sobre vinhos ou sobre artesanato, ou naquele em que conheceram novos amigos. Nesse aspecto, apenas a interatividade dos funcionários de atendimento e do administrador hoteleiro com os clientes pode proporcionar as idéias das atividades de entretenimento a serem oferecidas, para que elas contribuam com a emoção positiva dos hóspedes.

Uma boa idéia também é presentear o cliente com uma recordação do meio de hospedagem, como um item do artesanato da região, que poderá ficar exposto em sua casa. Da mesma forma que o presente pode tornar tangível os serviços, oferecendo um pouco de sensação de posse ao turista, também pode reforçar uma lembrança positiva dos serviços de hospedagem e incentivar o hóspede a voltar, lembrando-lhe permanentemente da viagem.

Bibliografia

BLACKWELL, Roger D.; MINIARD, Paul W.; ENGEL James F. *Comportamento do consumidor*. São Paulo: Pioneira Thomson Learning, 2005.

CHURCHILL, Gilbert A. Jr.; PETER, J. Paul. *Marketing*: criando valor para os clientes. São Paulo: Saraiva, 2000.

KOTLER, Philip; ARMSTRONG, Gary. *Princípios de marketing*. São Paulo: Prentice Hall, 2003.

LAGE, Beatriz Helena Gelas; MILONE, Paulo César. *Turismo*: teoria e prática. São Paulo: Atlas, 2000.

LOVELOCK, Christopher; WRIGHT, Lauren. *Serviços*: marketing e gestão. São Paulo: Saraiva, 2001.

RUSCHMANN, Doris. *Marketing turístico*. Campinas: Papirus, 1999.

VAZ, Gil Nuno. *Marketing turístico*: receptivo e emissivo. São Paulo: Pioneira, 1999.

7

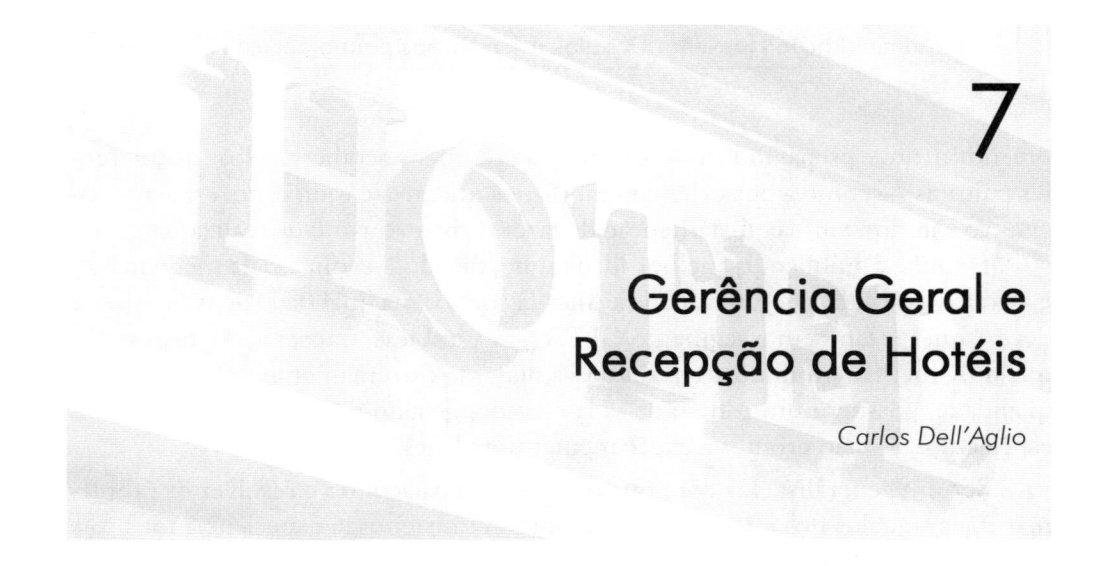

Gerência Geral e Recepção de Hotéis

Carlos Dell'Aglio

Gerente Geral de Hotel

O gerente das próximas décadas terá que ser um generalista e também um especialista, sem deixar de atuar na gestão do hotel. O seu relacionamento com os hóspedes deverá ser o de um anfitrião, para que eles, satisfeitos e felizes, voltem. Além disso, ele precisará garantir aos proprietários um retorno financeiro satisfatório de seus investimentos e manter um ambiente harmonioso com seus colaboradores, de forma que se sintam realizados e felizes no local de trabalho e transfiram para o hóspede essa satisfação e alegria.

Por se tratar de um especialista, é sua obrigação conhecer as novas tecnologias e tendências, como o avanço da Internet e os canais de distribuição, para atingir os atuais e novos consumidores do seu produto, facilitando-lhes assim a comunicação rápida e agregando valores, como promoções pontuais com *up grade* em apartamentos ou oferta de serviço.

O gerente, por sua vez, precisa ter conhecimentos de engenharia, para administrar uma edificação e suas dificuldades, encontrar soluções rápidas para os problemas nas áreas construídas, hidráulica, elétrica e de manutenção preventiva, bem como perceber quais são as novas tecnologias que propiciam conforto aos clientes e facilitam o trabalho dos colaboradores para maximizar os resultados. Ele precisa ainda ter conhecimentos de marketing, para perceber a sutileza da movimentação do mercado para novas tendências e captar essas mudanças, adaptando o seu empreendimento e preparando a sua equipe para receber e acolher pessoas de diferentes culturas — como a dos orientais e indianos que, neste momento, ensaiam viagens ao exterior, tanto com a intenção de fazer turismo quanto de realizar negócios — ou, ainda, o público da melhor idade, que, devido à evolução da medicina e à expectativa de vida, chegam à idade avançada com ótima qualidade de vida. Não se deve esquecer também o segmento GLTB (gays, lésbicas, transexuais e bissexuais) que movimentam multidões em suas passeatas, são extremamente exigentes com a qualidade, possuem um padrão de vida elevado, gostam de viajar e apreciar bons espetáculos, e estão prontos a experimentar novidades.

Ser um generalista faz com que o gerente saiba acolher e resolver os problemas mais singelos dos clientes, que, se ficarem satisfeitos, a experiência for boa e tiverem sua expectativa satisfeita ou superada, retornarão.

Esmerar-se nas soluções e anseios da sua equipe, estar sempre pronto para liderá-los e respeitar as suas diferenças, sejam elas culturais ou intelectuais, também faz parte das obrigações desse profissional. O relacionamento do gerente com seus colaboradores é o início da satisfação dos hóspedes. Vale ressaltar que a fidelização dos clientes está ligada diretamente à felicidade dos membros da equipe no ambiente de trabalho, e que ambos garantem a lucratividade do hotel, necessária para satisfazer os proprietários que aplicaram valores suntuosos e desejam um retorno adequado do numerário investido. O gerente deve possuir diversas habilidades para manter o equilíbrio entre essas esferas e anseios tão conflitantes.

Segundo Laurie Mullins, em *Gestão da hospitalidade*, o *staff* do hotel são os embaixadores da organização de hospitalidade que devem ser tratados como os clientes mais importantes. Relações harmoniosas e incentivadoras criarão um ambiente de trabalho favorável, que resultará em altos níveis de satisfação dos hóspedes e da equipe interna. Por isso, os gerentes devem adotar uma atitude positiva em relação aos seus auxiliares e desenvolver um espírito de cooperação mútua. Os funcionários devem sentir-se como se estivessem trabalhando **com** a gerência e não **para** o gerente.

Liderança

A liderança resulta da busca por resultados por meio das pessoas. O gerente é o responsável pelo ambiente interno e clima organizacional de alegria e satisfação. O ambiente de trabalho tem que ser saudável e acolhedor.

Segundo Sálvio Cristofaro,[1] o gerente geral do futuro

> deverá ensinar, deverá fazer com que o colaborador aprenda através do exemplo; o gerente do futuro mais do que um líder deverá ser um sedutor, ter carisma suficiente para seduzir o colaborador para sua causa, os objetivos do hotel e para atender às expectativas dos colaboradores. A melhor forma de ensinar é o exemplo.

O gerente do próximo milênio tem que ser um líder e formador da sua equipe, além de desenvolver novas habilidades, pois somente com conhecimento técnico ele não conseguirá fazer com que as pessoas realizem os objetivos da empresa.

O estilo de gestão deve ser participativo, acolhendo a opinião das pessoas e mantendo uma comunicação aberta e direta com todos os envolvidos. A gestão, além de participativa, deverá ser cooperativa, ou seja, é necessário que todos trabalhem junto ao colaborador.

Tipos de Hotéis

Na hotelaria, o fator humano é importante, pois o funcionário se relaciona constantemente com o cliente, o hóspede, independentemente da categoria do empreendimento, que pode ser de luxo, confortável, econômico e supereconômico.

Os hotéis de luxo são destinados ao público exigente, que gosta de ter a sua disposição uma grande gama de serviços. Eles possuem freqüentemente um local para eventos e mais de um restaurante, com cardápio regional e internacional. As áreas de convivência, como o *lobby*, são amplas e a decoração, esmerada. Eles oferecem diversos serviços que vão do *fitness center* ao *bussines centers*, com secretarias. Além disso, o bar tem tematização e decoração adequada e sóbria, apartamentos com 35 a 45 metros quadrados, com facilidades de acessar a Internet banda larga, TV a cabo e mobília para facilitar a vida do executivo em viagens. Dispõem ainda de um menu de travesseiros e, normalmente, o enxoval são de peças nobres. Entre as facilidades oferecidas, há camareiras e mordomos exclusivos.

---

1 Diretor de Recursos Humanos da Rede Accor Hotels, 2005.

Os hotéis, considerados confortáveis, possuem instalações aconchegantes, um *lobby* convidativo e, algumas vezes, pode-se encontrar obras de arte na decoração. A sua infra-estrutura se completa com um *fitness center* — na maioria deles encontramos piscina e sauna —, *bussiness centers*, centro de convenções, *room service*, restaurante de categoria regional e internacional. Os apartamentos — que têm, em média, 26 metros quadrados — são equipados com televisão de tela plana de 29 polegadas e conexões de Internet.

Para classificar o hotel como econômico, considera-se a sua localização. Portanto, é muito importante a escolha do terreno na hora de construí-lo. Tais hotéis devem ser de fácil acesso, ou seja, estar localizados próximos à entrada das cidades, de grandes rodovias, feiras, exposições, centro de compras e distritos industriais.

O seu público é composto por viajantes que conduzem o seu próprio automóvel, chegam no final da tarde e saem na manhã seguinte. Esse segmento é formado por proprietários de pequenas e médias empresas, profissionais liberais, gerentes intermediário e pessoal da base da operação das empresas. Nos fins de semana, o hotel recebe o viajante que está de passagem pela cidade ou participando de eventos locais. Possui área de alimentação, onde o visitante pode tomar o café da manhã, jantar e lanchar. Possui decoração despojada e agradável, focando o público cuja faixa etária está entre 25 e 45 anos. São pessoas que estão dispostas a trocar algumas comodidades para pagar preços de diária mais atraentes.

Os hotéis supereconômicos estão localizados principalmente nos grandes centros urbanos, onde há farta oferta de transporte público, como metrô e ônibus. Dirigido para o consumidor que tem entre 18 e 35 anos — normalmente, estudantes secundaristas, universitários, participantes de feiras e congressos e pessoal da base da operação —, os apartamentos são espartanos, pois medem 12 metros quadrados e contam apenas com uma cama de casal e bicama, nas quais podem dormir até três pessoas.

Oferece somente o café da manhã em mesas comunitárias e bancos sem encosto para até oito pessoas. Nesse tipo de empreendimento, tudo é prático para facilitar a operação e o tráfego das pessoas. Esses dois últimos segmentos não possuem serviços de mensageiros, *room service*, telefonistas e outros serviços.

Esses tipos de hotéis serão operacionalizados pelo gerente geral com um número adequado de funcionários, considerados multicompetentes, já que são treinados para atuar em diversos setores, de acordo com a necessidade. O gestor do hotel econômico ou supereconômico deve acompanhar cada item das despesas e operação para manter as diárias com valores adequados à categoria e garantir a rentabilidade da operação.

Tipos de Administração

A administração dos empreendimentos hoteleiros pode ser: particular ou familiar, de rede hoteleira, de franquia, de arrendamentos ou outra forma não designada.

A administração familiar ocorre em empreendimentos independentes, administrados pelos próprios donos. Quase sempre, vários membros da família exercem funções na empresa. E cada família tem estilo próprio na maneira de tomar suas decisões.

Ao ingressar em um país, uma rede hoteleira, também chamada de "cadeia", procura estabelecer-se em uma região central ou grande cidade. Normalmente, os primeiros investimentos vão para a compra de propriedades onde serão construídos os hotéis, para dar notoriedade e solidez às marcas administradas. Esses hotéis podem ser classificados nas categorias: superluxo, econômico ou *resort*. Oferecem serviços padronizados, independentemente da região ou país em que estão estabelecidos, respeitam as culturas locais, somam conhecimento e desenvolvem tecnologias para a gestão de recursos humanos, engenharia e outros.

O capital humano mais talentoso é atraído para fazer parte do seu quadro funcional. Desenvolve e aprimora processos de gestão e cresce com o capital de terceiros, utilizando diversas formas de contrato, como o de franquia, arrendamento e administração.

As franquias permitem que o proprietário independente corra menos riscos no mercado, oferecendo-lhe vários benefícios. O franqueado adquire o direito de usar a **bandeira** (marca), logomarca da franqueadora, além de receber a transferência de conhecimento sobre os procedimentos operacionais, sistema de gerenciamento e ações de marketing. Ele ainda se beneficia com os descontos nos produtos que adquire no momento da compra e, em algumas ocasiões especiais, pode usar uma central de reservas e os canais de distribuição de sua franqueadora. Esse sistema faz com que haja uma expansão rápida e sem investimento por parte das operadoras hoteleiras.

Celebra-se o acordo por meio de um contrato contendo as obrigações e deveres entre as partes, e as penalidades pela falta de cumprimento das cláusulas contratuais. Nos contratos de franquia há o pagamento de uma taxa mensal, por parte do franqueado. O Hotel Ibis, da Accor Hotels, tem como característica a padronização, isso facilita a implantação de franquia. Atualmente, no Brasil, esses hotéis franqueados já estão em operação em Blumenau, Joinville e Porto Alegre.

Outra forma comumente usada é o arrendamento. Nesse caso, é realizado um contrato entre o proprietário do hotel e uma operadora hoteleira. O hotel é cedido, em regime de aluguel fixo mensal, por um período determinado de tempo, que pode ser de dez a 20 anos.

O proprietário que não sabe como gerir um hotel, passa a sua administração à operadora. Dessa forma, a cadeia expande seus negócios, com baixo investimento. O *know-how* da operadora é transferido para o hotel. O sistema de gestão, contratação dos colaboradores, treinamentos, utilização da central de reservas, gerenciamento de manutenção, ou seja, todo seu sistema e conhecimento são aplicados no empreendimento.

No formato administração, o proprietário do empreendimento divide, com a operadora, parte do risco do negócio; a operadora recebe um percentual sobre o faturamento bruto e outro sobre o lucro líquido. Havendo prejuízo, o dono do imóvel terá que realizar aportes financeiros para continuar a operação. Há, também, transferência de tecnologia, gestão de recursos humanos, gerenciamento e todos os benefícios de uma cadeia hoteleira. O investimento da operadora é baixo, o que garante a sua expansão.

Há também o sistema condominial de aluguel de apartamentos com serviços hoteleiros, chamado de *flat*. Os proprietários podem optar em entregar a sua Unidade Habitacional (UH), devidamente mobiliada com os padrões determinados pela operadora hoteleira no sistema de *pool* hoteleiro, e receber os rendimentos mensais, quando houver, ou realizar aportes financeiros, havendo, nesse caso, prejuízo. A operadora hoteleira recebe um percentual sobre a receita bruta e outro, sobre o lucro líquido. Os proprietários que não aderirem a esse sistema podem optar por residir nas UHs ou alugá-las para terceiros. É formado um *pool* de locação que pode conter todos os apartamentos ou parte deles, que são vendidos com os serviços hoteleiros, os demais apartamentos podem ser alugados via imobiliárias ou diretamente para terceiros, há a alternativa de o proprietário utilizá-los como lhe for conveniente.

No Condohotel, os proprietários elegem uma administradora de hotéis para operar na forma de franquia ou administração, conforme for mais favorável para as duas partes. Todos os apartamentos são oferecidos para a locação hoteleira e gerida como um hotel com serviços. Pode ser também considerado um condomínio de serviço.

Recepção

Mesmo tendo supervisores e/ou gerente de área, a recepção merece e necessita de atenção especial do gestor. Diariamente, o gerente geral dedica atenção especial para a área de hospedagem, para melhor servir o hóspede, unindo os objetivos e metas diárias do *front office* e da governança. O relacionamento e a comunicação entre esses setores se refletirão na satisfação do cliente e no desempenho positivo da equipe.

O gestor obterá as informações necessárias para as suas ações por meio do supervisor de cada departamento/setor (reservas, recepção, mensageiros, telefonia, *concierge*, lavanderia, rouparia, governança e outros) ou dos próprios colaboradores de cada setor. De posse das informações sobre como cada setor está estruturado — ou seja, depois de saber como estão organizados o quadro funcional e os equipamentos, e o que é necessário para atender à demanda de cada um —, ele deverá definir as prioridades, planejar, organizar, gerenciar e supervisionar a execução das tarefas que serão distribuídas. Realizando todos os passos, as probabilidades de que aconteça algum imprevisto serão reduzidas. Esse profissional deve estar atento ainda às necessidades que surgirem durante a execução das atividades, pois a hotelaria é dinâmica e a cada instante aparecem novas solicitações. Esse pode ser o caso, por exemplo, de um *walk-in* ou uma jovem senhora com um bebê de colo, cujas necessidades especiais precisam ser atendidas, solicitando estadia em dia de grande movimento no *check-in*, mesmo depois que todos já estiverem executando suas incumbências. A recepção deverá, em acordo com a governança, conceder o ingresso desses hóspedes no apartamento o mais breve possível.

A comunicação é fundamental para a boa operação entre os setores; os colaboradores de um mesmo setor; o setor e seus diversos turnos; as chefias de outros setores; a gerência geral e as chefias; o hotel e seus hóspedes; o hotel/empresa e seus fornecedores. O gestor deverá ser claro e objetivo na forma de se comunicar. Quando somos objetivos e compreendidos, a resposta à solicitação é mais rápida e os resultados são satisfatórios. É de responsabilidade do gerente geral conduzir a forma de comunicação do hotel.

O gerente geral terá grandes desafios no século XXI, seus conhecimentos, comprometimento, liderança e objetivos serão responsáveis pelo resultado do seu trabalho.

O gestor, neste novo século, deverá ficar atento às mudanças de comportamento do homem, sabendo que:

- clientes portadores de deficiência física aumentam a cada dia nas atividades empresarias, esportes e vida social;
- o homem conseguiu aumentar a expectativa de vida, permanecendo mais tempo na atividade profissional;
- a melhor idade, com qualidade de vida e condições financeiras, utiliza muito o serviço de hotelaria;
- a globalização permite a abertura de novos mercados potenciais;
- estão se ampliando as relações diplomáticas e comerciais entre o Brasil e o Oriente, e outros continentes;
- o público feminino está mais presente e participativo nas empresas, ocupando cargos de decisões;
- deve identificar a concorrência local e regional e traçar metas de melhorias para o seu empreendimento;
- precisa conhecer as características e a potencialidade de cada membro de sua equipe para transformar esta energia em satisfação para todos;
- é necessário atender à solicitação de grupos com características peculiares (como os indígenas e outros);
- é importante saber quais são as preferências e receios desses novos nichos e preparar a sua equipe para atendê-los.

Os portadores de necessidades especiais estão se preparando para o mercado profissional e exigindo dos governos acesso aos meios de transportes, às vias públicas e casas de cultura e lazer. Estão atuando ainda em diversas áreas e segmentos, como no esporte e na política, assumindo cargos públicos, seja no município, Estado ou no governo federal.

Os detalhes que envolvem a estrutura física e o quadro funcional para atender adequadamente o portador de deficiência física ou visual são muito diversificados, pois eles necessitam de itens específicos que garantam o seu conforto e circulação nas áreas comuns e no interior dos apartamentos: espaços e comunicação específicos.

Essas situações mostram que o gerente geral deverá conhecer culturas diferentes, política, os acordos internacionais que seu país está realizando e, ainda, participar de feiras (hospitalar, condomínios, segurança etc.), além de ter as habilidades necessárias para conduzir a operação hoteleira e a administração.

Ao escolher o andar em que o cliente ficará hospedado, o recepcionista poderá agradá-lo ou deixá-lo insatisfeito. Os norte-americanos não gostam do número 13, porque ele traz azar; assim como os orientais evitam andares e apartamentos com o número quatro, pois o som deste número, em seu idioma, é parecido com a palavra morte. Na Ásia, a numeração de apartamentos e andares exclui o número quatro, às vezes, até mesmo seus múltiplos. O sete é o número da sorte nos Estados Unidos e também no Extremo Oriente, assim como o seis.

Os casais japoneses preferem apartamentos com camas de solteiro (*twin*), porque a cultura asiática privilegia casais que dormem em camas separadas.

Atualmente, as mulheres estão ocupando cargos de comando, e a sua participação nas organizações tem aumentado velozmente. Elas possuem características favoráveis — são detalhistas e observadoras, apenas para citar algumas —, e estes atributos têm contribuído para sua evolução profissional. Elas são extremamente exigentes e gostam de segurança. Quando suas expectativas são preenchidas ou superadas, tornam-se clientes habituais e costumam recomendar o hotel. Visando esse público, hotéis já prepararam andares exclusivos, mudando as cores e a decoração dos corredores e do interior dos apartamentos e também os equipamentos, como espelhos maiores e secadores de cabelos mais potentes, *amenites* (sabonetes, xampu, condicionador etc.) com perfumes e a cremosidade que elas gostam.

Recepção de Hotel

O recepcionista do futuro terá que ser um anfitrião, esmerando-se na arte de atender e servir os hóspedes, e zelando para resolver todas as suas necessidades. Ele precisará conhecer o hotel como um todo, dominar todos os equipamentos disponíveis na recepção e entender profundamente o sistema do hotel, o *software*. Deverá ainda respeitar as diversidades culturais e buscar conhecimento para melhor atender os diferentes tipos de hóspede, tanto nacionais quanto internacionais, pois cada cliente carrega sua cultura e as características de sua origem, e quando percebe que o hotel está respeitando sua formação cultural sente-se valorizado e acolhido. Se uma falha acontece no atendimento a um cliente oriental, deve-se pedir desculpas a ele, e não tentar lhe explicar o ocorrido, a explicação poderá ser uma ofensa, já que ele precisa somente de desculpas.

Atender bem, acolher e resolver os problemas depende muito da flexibilidade e da habilidade no funcionário. Pela cultura do nosso país, encontramos facilmente simpatia, descontração, sorrisos e boa comunicação nos colaboradores, isso torna o ambiente quente e convidativo.

A tendência dos hotéis é diminuir o espaço físico do balcão da recepção para ampliar o contato do recepcionista — que, em alguns empreendimentos, são chamados de guia de relacionamento — com o hóspede. Eles usam um *palmtop* para facilitar os registros e as preferências do cliente, enquanto realiza o *check-in* e o acompanha até o apartamento.

O recepcionista da hotelaria moderna deve possuir habilidade para identificar as necessidades do cliente que está a sua frente e ter a capacidade de se adaptar às diversas formas de atendimento.

Nos casos em que o hóspede tem pressa e deseja realizar o *check-in* rapidamente, o recepcionista deverá mudar o seu estilo tradicional de atendimento, abreviando o procedimento, em vez de atendê-lo como a um turistas que deseja explorar todo o potencial de informações do guia de relacionamento, com tempo para absorver todas as informações do hotel e da localidade.

Ainda segundo Sálvio Cristofaro,

"o recepcionista tem que ser observador para identificar os diversos tipos de clientes e adaptar-se ao atendimento e ser advogado para defender a sua causa dentro do hotel; quando houver alguma necessidade ou falha na operação, o hóspede se sentirá respeitado e haverá empatia do mesmo".

Os recepcionistas deverão estar preparados para atender aos portadores de deficiência visual, acolhendo-os serenamente, sem elevar o tom de voz, porque a deficiência é visual e não auditiva. Esse público percebe com facilidade as variações na sensibilidade do seu interlocutor e desejam a mesma qualidade de serviços.

Cabe ao recepcionista auxiliá-los no preenchimento da Ficha Nacional de Registro de Hóspedes (FNRH). Em alguns hotéis, o sistema operacional hoteleiro permite que os dados do cliente sejam coletados e inseridos em um banco de dados; assim, na próxima estadia, o processo de recepção do hóspede será agilizado, e ele precisará apenas assinar a ficha.

Grande parte das recepções não está preparada para receber o portador de deficiência física que fica normalmente em um nível mais baixo do balcão, causando-lhe indiretamente uma situação constrangedora. Algumas redes adaptaram parte do seu móvel para facilitar o acesso desse cliente à recepção, para o registro habitual no seu *check-in* e as suas solicitações aos recepcionistas.

Outro segmento que merece atenção, também no *check-in*, no *check-out* e durante toda a permanência no hotel, é o hóspede da melhor idade. De atitudes serenas, desejam desfrutar os serviços oferecidos e demonstram grande curiosidade pela cultura local. Exploram a potencialidade gastronômica e turística da região, e necessitam de explicações detalhadas sobre os serviços e a operação do hotel.

Reservas

Dependendo do tamanho do hotel em relação ao número de apartamentos e a sua segmentação, o departamento de reservas pode ser constituído pelo próprio recepcionista ou, às vezes, por um colaborador que realiza esta função em horários específicos. Em outros casos, há uma estrutura para este fim, destinada a realizar a venda de reservas individuais e de grupos, com a finalidade de maximizar a receita gerada pelas diárias, satisfazendo a curiosidade dos interessados sobre o hotel, sua localização, formas de pagamento e atividades internas de lazer e eventos.

O setor de reservas, devido à sua importância, localiza-se próximo à recepção para atender às necessidades do *front office* ou de clientes.

Este setor é responsável, em alguns casos, pelo primeiro contato do hóspede com o hotel. Portanto, o excelente atendimento oferecido pelo atendente de reservas causará uma expectativa positiva em relação ao empreendimento.

O gerente geral normalmente tem grande atuação no setor de reservas, definindo a política de preços e as negociações (período de alta e baixa temporada; promoções de descontos; formas de recebimentos; prazo de faturamento e cobrança de *shows*).

É de competência do gestor abastecer o setor de reservas com informações, como as que dizem respeito a toda e qualquer modificação interna (bloqueio de unidades habitacionais, promoções nos pontos-de-vendas) e às alterações na economia nacional e internacional; ao posicionamento dos concorrentes; aos acordos com empresas, operadoras, agências e outras; às feiras e eventos na cidade; e ainda a tudo que poderá alterar a rotina do hotel ou hóspedes.

O setor de reservas é responsável pelos bloqueios dos grupos, observando a garantia de *no show*, *dead line* para confirmação e data do envio do *rooming list*. A documentação necessária para realização das reservas ou cancelamentos deverá ser arquivado corretamente pelo pessoal responsável pelas reservas. Toda informação necessária para que uma reserva tenha suas solicitações atendidas deverá ser encaminhada para os setores competentes, por exemplo, o pedido de reserva de um hóspede VIP.

Os canais de distribuição dos serviços hoteleiros são as agências de viagens, operadoras, Internet e o Sistema Global de Distribuição (Global Distribution System, GDS), utilizados por profissionais de turismo do mundo todo, para reservas das companhias aéreas, hotéis e locadoras de veículos, dentre outros serviços.

Por meio desse setor são transmitidas as informações necessárias para que o hóspede faça sua reserva da forma mais adequada a sua estada. Tipos de apartamentos é uma das informações mais solicitadas.

Tipos de Apartamentos

Os hotéis e as suas diversas categorias — luxo, superluxo, *resort*, *desing*, butique — possuem diferentes tipos de apartamentos para satisfazer o desejo e as solicitações dos seus clientes, que podem ser:

- fumantes;
- não fumantes;
- portadores de deficiência (adaptado para este público);

❏ alérgicos, com piso frio ou madeira, e decoração livre de enxoval e mobília combinando;

Eles podem optar por:
❏ suítes master, com mobília, decoração e enxoval refinado;
❏ suíte júnior, na qual a mobília e a decoração são requintadas;
❏ suíte presidencial, que apresenta localização superior, com vista privilegiada, apartamento amplo, com decoração, mobília e enxoval esmerados e caprichados (geralmente, o ocupante usa um elevador restrito para ter acesso a ela);
❏ decoração temática.

No momento de oferecer mais uma opção aos clientes, a localização dos apartamentos contribui para a sua diferenciação e valorização. Normalmente, os andares superiores são os mais solicitados, assim como aqueles que possuem uma vista privilegiada para o mar, montanha ou vale.

Os apartamentos também podem se diferenciar pela sua capacidade de acomodar as pessoas nas camas; eles são classificados como:

❏ duplo ou *doublé*: unidade habitacional com cama de casal para uma ou duas pessoas;
❏ *twin*: com duas camas de solteiro;
❏ triplo: com três camas de solteiro ou cama de casal e uma de solteiro;
❏ quádruplo: quatro camas de solteiro ou cama de casal e duas de solteiro;

Os apartamentos podem ser conjugados; nesse caso, possuem uma porta interna que dá livre acesso para os dois ambientes. Comumente, um deles possui uma cama de casal para os pais e outras duas camas de solteiro para acomodar os filhos.

Alguns hotéis, dependendo da sua classificação, possuem camas com tamanhos especiais:

❏ cama de viúva, composta por duas camas de casal com 1,25m de largura por 1,90m de comprimento, tem a preferência os orientais;

- *queen size*, possuem 1,60m de largura por 1,90 de comprimento e são apreciadas pelo público refinado que gosta de espaço para dormir;
- *king size*, têm as maiores medidas (dois metros de largura por dois metros de comprimento) e, geralmente, complementam o mobiliário das suítes superior ou presidencial dos hotéis de categoria superior.

Tipos de Diárias

A diária é o valor estabelecido para a utilização da Unidade Habitacional e dos demais serviços inclusos, durante o período compreendido entre o horário de *check-in* e *check-out*, ou seja, das 12 horas daquele dia até as 12 horas do dia seguinte. Independente do horário em que foi realizado o *check-in* após o meio-dia, o período de ocupação encerra no horário determinado; alguns hotéis toleram mais duas horas de permanência. Após esse horário, é cobrado o *late check-out*, que é a permanência das 12 horas às 18 horas após o vencimento da diária, ou *early chek-in*, que é a chegada antecipada ou antes do inicio da diária, que se estende das 5 horas até as 12 horas.

No processo de fixação dos preços das diárias, os hotéis, oportunamente, incluem, na acomodação, determinados serviços relacionados aos alimentos e bebidas, como café da manhã, almoço e jantar. A partir da escolha dos serviços, são montados os planos de acomodação:

European Plan (EP) simples (somente pernoite) — o hóspede paga somente a acomodação, que exclui qualquer tipo de alimentação ou bebidas;

Bad and Breakfast (B&B) — pernoite com café da manhã. Nesta opção, inclui-se acomodação e café da manhã. O café é servido no restaurante, em mesa tipo bufê, e é muito apreciado pelos hóspedes;

Modified American Plan (MAP) ou Plano de Meia Pensão — com o apartamento, são oferecidos café da manhã e almoço ou jantar, duas refeições ao dia;

Pensão Completa — a acomodação inclui café da manhã, almoço e jantar.

Taxa de Ocupação

O índice de taxa de ocupação é o principal indicador de sucesso na venda do produto hoteleiro, ele mostra a porcentagem de apartamentos vendidos em relação ao total de unidades habitacionais disponíveis para a venda, e pode ser demonstrado pela fórmula a seguir:

$$\text{Taxa de ocupação} = \frac{\text{Apartamentos vendidos}}{\text{Apartamentos disponíveis}}$$

Podemos citar, como exemplo, o Hotel Baía Blanca que vendeu 80 UHs de um total de 110 UH/dia. A sua taxa de ocupação neste dia de hoje foi:

$$\text{Taxa de ocupação Hotel Baía Blanca} = \frac{80}{110} = 0{,}72 \times 100 = 72\%$$

Reclamações

O registro de reclamações dos hóspede é uma excelente ferramenta para orientar a gerência nas áreas que apresentam problemas de serviços. Nessas ocasiões, o hóspede está nos dando a oportunidade de aprimorar o serviço ou corrigi-lo.

O gestor deve verificar e, quando necessário, realizar a correção, sem deixar de comunicá-la ao hóspede, agradecer a gentileza da sua comunicação e convidá-lo para analisar novamente os serviços — com essas ações, o cliente sente-se valorizado. O hóspede que deixa de registrar o seu descontentamento com o serviço não dá a oportunidade à organização de corrigir e reparar seu erro. Essa atitude torna-se uma aliada da concorrência.

No desempenho das atividades, os principais motivos, relacionados aos serviços, que desagradam os hóspedes e os afastam são: atendimento sem cortesia, lento, displicente, sem a devida atenção dos colaboradores; não possui o produto anunciado; e a demora na emissão da nota fiscal. O maior marketing é o cliente satisfeito, que dissemina a qualidade nos serviços oferecidos e a infra-estrutura do empreendimento a seus conhecidos.

Auditoria Noturna

A auditoria noturna é o setor hoteleiro que concilia as transações financeiras dos pontos-de-venda com os lançamentos nas contas dos hóspedes. Durante a noite, são gerados os relatórios informativos, como: Relatório Diário de Situação (RDS), Relatório de Estorno, Relatório dos Ponto-de-Venda, Relatórios de Hóspedes e Relatório dos Apartamentos Interditados.

Atualmente, dependendo da estrutura do hotel, o auditor noturno exerce a função do recepcionista noturno.

Concierge

O *concierge*, responsável pela portaria, localiza-se ao lado da recepção e oferece serviços diversificados, como informações turísticas, mensagens, entradas e reservas para *shows*, restaurantes, eventos esportivos, locação de meios de transporte, fornecimento de informações sobre atrações turísticas locais, serviços de babá, tradução, aquisição de flores, presentes e cuidados especiais na guarda de animais em canis. Em alguns hotéis, o recepcionista é treinado para desempenhar esta função.

Bibliografia

CHON, Kye-Sung; SPARROWE, Raymond. *Hospitalidade* — conceitos e aplicações. São Paulo: Pioneira Thompson Learning, 2003.

ISMAIL, Ahmed. *Hospedagem*: front office e governança. São Paulo: Pioneira Thompson Learning, 2004.

MEDLIK, S.; INGRAM, H. *Introdução à hotelaria, gerenciamento e serviços*. Rio de Janeiro: Campus, 2002.

MULLINS, Laurie J. *Gestão da hospitalidade organizacional*. 4. ed. Porto Alegre: Bookman, 2004

POWERS, Tom; BARROWS, Clayton. *Administração no setor de hospitalidade*. São Paulo: Atlas, 2004.

WALKER, Jonh R. *Introdução à hospitalidade*. São Paulo: Manole, 2002.

Entrevistas

Jacinta Gomes. Gerente de Recursos Humanos da Accor Hotels — Hotelaria Econômica.

Sálvio Cristofaro. Diretor de Recursos Humanos da Accor Hotels.

Silda Raguse. Gerente de Eventos do Matsubara Hotel São Paulo.

8

Alimentos e Bebidas — Mercado Emergente, Seu Planejamento e Tendências Atuais

Celso dos Santos Silva, Carlos Roberto Bernardo e Jonas Juliani Oliva

Resumo

Este capítulo tem a finalidade de proporcionar uma percepção melhor da área de alimentos e bebidas em empreendimentos turístico-hoteleiros e gastronômicos, identificando a dimensão da atividade, sua origem e evolução histórica, as necessidades contemporâneas de planejamento empresarial e as atuais tendências deste campo que apresenta alto grau de especialização profissional.

A área de alimentos e bebidas em empreendimentos turístico-hoteleiros e/ou de entretenimento e lazer são internacionalmente lideradas por administradores especializados nessa atividade técnico-operacional. Eles são responsáveis principalmente pela gestão das operações eficientes da cozinha, restaurantes, bares, banquetes e serviço de unidades habitacionais. Nesse aspecto, o perfil ideal desse profissional deverá contemplar prioritariamente, e cada vez mais, o acompanhamento contínuo das tendências mundiais e nacionais que possibilitarão uma melhoria na visão estratégica de suas ações diante dos mais novos desafios, mudanças e tendências da administração de alimentos e bebidas deste nosso século. Em uma perspectiva mercadológica mais ampla e contemporânea, o executivo hoteleiro deverá também saber interpretar e interagir dinâmica e produtivamente com o crescente fenômeno do *food service*.

De acordo com a Associação Brasileira das Indústrias da Alimentação (Abia)[1], "O mercado de *food service* é o fornecimento de mercadorias e serviços que as indústrias prestam aos estabelecimentos públicos ou privados que fornecem alimentação aos consumidores que procuram refeições fora dos seus lares".

Diante disso, a Unilever Food Solution, importante multinacional associada à Abia, em publicação feita no Catálogo Institucional da UBF *Food Solution* de 2002, afirma:

> O mercado Food Service é composto por restaurantes, bares, *rotisseries*, padarias, cadeias de *fast-food*, hotéis, *delivery*, lojas de conveniência, quiosques, carrinhos de rua e outros estabelecimentos que compõem a rede de preparação de refeições fora de casa. Soma-se a estes, as concessionárias (que preparam e servem refeições em empresas, hospitais, aviões, navios etc.), cantinas de escolas, empresas de congelados e outras. Um mercado que, em 2001, movimentou mais de 30 bilhões de dólares e deve crescer, nos próximos anos, a taxa de 8% a 10% ao ano.

Assim, diante desta nova etapa da evolução dos negócios de alimentos e bebidas — na qual a busca de soluções mais práticas para agilizar a produção de cardápios e o atendimento rápido são realidades presentes e ascendentes —, o futuro gestor desta tipologia específica de empreendimento terá o desafio permanente de adequar as suas estruturas e organização (físicas, humanas e operacionais) à luz dos estudos dos novos hábitos alimentares, das estratégias diferenciadas de fornecimento de matéria-prima e do constante comportamento evolutivo da oferta da concorrência na área de alimentação em corporações hoteleiras e similares.

Por outro lado, as entidades educacionais direcionadas para o segmento deverão levar em conta os sucessivos avanços tecnológicos das instalações, equipamentos, produtos, serviços e métodos de produção de alimentos e bebidas — que, a cada dia, apresentam-se mais desenvolvidos — e abordá-los em seus conteúdos programáticos de forma pragmática e altamente contextualizada no cenário futuro, repleto de incertezas econômicas e alterações de ordem legal, social, cultural e empresarial.

---

1 DONNA, Enzo. *Manual Abia* — a nova distribuição para o FoodService brasileiro. São Paulo: 2004. p. 4.

Logo, para gerir a operação de alimentos e bebidas, o administrador deste novo século procurará alcançar sempre a eficiência por meio de suas decisões internas. Ao mesmo tempo, para gerir as oportunidades e riscos identificados no ambiente externo, ele deverá adaptar-se rapidamente às mudanças de caráter ambiental e às demandas impostas por um conjunto de características peculiares a essa atividade.

Ao analisar os perfis e as tendências do segmento de hotéis no Brasil, a Abia apresenta as seguintes informações:

a) O segmento de maior crescimento é o da hotelaria que possui três e quatro estrelas, identificado por suas estruturas modernas e compactas, que privilegiam o conforto, os serviços básicos, a boa localização e uma política de diária inferior a R$ 100,00.

b) O segmento hoteleiro da categoria luxo (cinco estrelas) atende uma concentração média de 55% do turismo internacional.

c) O segmento de hotéis de categoria inferior está fortemente atrelado à terceirização dos pontos de vendas de alimentos e bebidas.

d) O segmento de hotéis focados em hospedagem e eventos têm praticamente um quarto de sua receita oriunda de eventos (feiras, exposições etc.).

e) No segmento de hotéis de turismo, os cardápios e a gestão dos serviços de alimentos e bebidas são itens altamente relevantes para o negócio como um todo.

f) O advento do segmento de "hotéis-butiques", caracterizados por um composto integrado que compreende alta gastronomia, política de preços de diárias acima da tipologia dos hotéis cinco estrelas, serviços personalizados, elegância e decoração diferenciada.

Constatou-se, pelas informações da Abia, mudanças no conceito de serviços de alimentação, entre elas:

a) cozinhas mais compactas destinadas à produção de refeições rápidas, de fácil digestão, menos calóricas e de custo acessível;

b) diminuição drástica do quadro de lotação de funcionários;

c) aumento da opção pelo auto-serviço;
d) terceirização de mão-de-obra como uma vertente muito forte.

Em conseqüência dessas mudanças de natureza física, humana, operacional e mercadológica que se acentuam a cada dia, encontram-se novos desafios para a área de alimentos e bebidas em hotéis e demais meios de hospedagem:

a) Custos: atrelados sempre à certeza de entrega e à qualidade dos produtos;
b) Abastecimento: foco direcionado ao planejamento de entregas diárias, semanais e mensais, gerando contratos de abastecimento e padronização.
c) Segurança alimentar: necessidade crescente de maior controle no rastreamento do alimento, desde a sua entrega pelo fornecedor até a consumação final das refeições.
d) Produtos semiprontos: a quantidade das carnes são baseadas em porções, com gramaturas definidas; as hortaliças, embaladas e já higienizadas; sobremesas prontas; refeições congeladas, necessitando apenas do "acabamento final".
e) Compras: entregas mais freqüentes, em função da falta de espaço para grandes estocagens.

Diante das constatações apresentadas, percebe-se nitidamente a necessidade empresarial do monitoramento freqüente das mudanças, objetivando-se a redução do risco de perda de mercado hoteleiro e uma possível e grave crise de caráter econômico.

Assim, conclui-se que as organizações hoteleiras devem passar por um processo de grandes transformações, reavaliando os seus paradigmas e práticas gerenciais de alimentos e bebidas. Por outro lado, é necessário ater-se à definição do senso de urgência em relação à mudança, que proporcionará o desaparecimento ou a sobrevivência empresarial. Logo, interpreta-se que todo esse sistema de mudanças, quando bem administrado como processo empresarial, só será de fato efetivo em função dos altos níveis de liderança e envolvimento das gerências hoteleiras e de seu *staff*.

Assim, compreende-se também que o planejamento empresarial da área de alimentos e bebidas deve contemplar aspectos básicos da estrutura, organização e operação desta importante atividade hoteleira. Nesse aspecto, o planejamento de cardápios é, destacadamente, um desafio diário ao empreendedor da área.

Na implantação de um restaurante, o planejamento do cardápio é item de vital importância e um significativo caminho para o sucesso. No entanto, quando alguém começa a pensar em montar um restaurante, as primeiras idéias que lhe ocorre em relação ao cardápio são aquelas ligadas às suas preferências pessoais. Ele sempre lembra dos pratos maravilhosos que comeu em algum lugar, de alguém da família ou mesmo daquele que é a sua especialidade e objeto de elogio dos amigos. Isso não significa que não existam restaurantes cujos cardápios foram inspirados nas habilidades de seus fundadores. Esse tipo de escolha acaba resultando em um cardápio bastante extenso para poder abrigar todos os itens com os quais o empresário sempre sonhou. Isso acontece com muitos restaurantes, e seus gerentes nunca pensaram em diminuí-los, mesmo diante das mais graves crises.

Na verdade, os cardápios devem ser planejados para o seu público-alvo. É preciso (e difícil) determinar com clareza quem é o seu cliente, o que ele prefere comer e, principalmente, quanto pretende gastar. Depois, é só fazer uma operação de matemática: produzir os pratos que o seu cliente quer, pelo preço que ele deseja pagar e com a menor variedade possível de matéria-prima, por exemplo, servir, com o mesmo corte de carne, três ou mais pratos diferentes, ou utilizar o mesmo tipo de legume como guarnição de vários pratos. Há muito tempo, fala-se que o cardápio ideal contém 30 pratos, no entanto, ninguém resiste e acaba fazendo-o sempre maior, mesmo porque pode-se cortar alguns itens mais tarde. Porém, ninguém se lembra disso. Deve-se, entretanto, tomar cuidado para não se incorrer no erro de planejar um cardápio com pouca variedade.

O cardápio é um instrumento gerencial, e seu planejamento deve envolver todos os atores da operação:

1. o *maître* que representa as aspirações do cliente e conhece as condições da sala para servir este ou aquele prato da forma mais adequada;
2. o chefe de cozinha que conhece as eventuais dificuldades de seus equipamentos e da preparação de sua brigada;
3. o comprador que terá que encontrar a matéria-prima necessária e conhece o mercado para dar informações sobre o custo dos produtos; e, finalmente,

4. o gerente que, além de liderar os demais, é responsável pelo estabelecimento de preços de venda, visando assegurar a rentabilidade que o empreendimento deve alcançar.

O planejamento dos pratos exige uma atenção especial: o conhecimento que se deve ter do usuário final. Destaca-se, nesse aspecto, o tipo de cliente, sua idade, sexo, etnia, ocupação, renda, necessidades, a freqüência com que utiliza o restaurante e, principalmente os seus hábitos, lembrando que eles evoluem e são diretamente afetados pelos modismos. Por essa razão, o gerente deve ficar atento à concorrência e às tendências do mercado.

Outros aspectos devem ser considerados na escolha dos pratos para o cardápio:

1. existência de equipamentos adequados para aquela preparação;
2. disponibilidade de mão-de-obra qualificada ou possibilidade de treiná-la;
3. volume de vendas do prato;
4. existência de preparações iguais ou semelhantes no cardápio dos concorrentes mais diretos;
5. preço que precisa praticar, visando a manutenção ou o aumento da receita do empreendimento;
6. adequação do cardápio com a atmosfera (tema) do local;
7. clima ou estação do ano.

Alguns estabelecimentos, às vezes, são afetados fortemente pela sazonalidade da demanda, caso em que se deve ficar atento às preparações complicadas e/ou trabalhosas nos períodos de maior freqüência. Gerentes com esse tipo de problema costumam fazer um mapa a cada mês com os dias da semana e do mês que têm maior previsão de demanda, objetivando prevenir os picos e estabelecendo estratégias para as baixas freqüências.

A apresentação gráfica do cardápio também deve constituir preocupação na hora do planejamento. Tamanho, cor, formato, qualidade do papel, tipo de letras e destaque dos pratos são os principais itens, entretanto, merecem atenção especial a ortografia correta dos nomes dos pratos e a utilização das áreas que apresentam maior visibilidade, os chamados *focal points*, para alavancar as vendas de maior interesse.

Embora atualmente o uso do computador facilite a preparação de um cardápio no próprio estabelecimento, muitas vezes é conveniente procurar ajuda de empresas especializadas em produção gráfica para esta tarefa.

Não podemos esquecer que o cardápio é um instrumento de divulgação e que deve conter todas as informações que interessam ao cliente, como cobrança de *couvert* e tempo de preparo, além da obrigatoriedade do telefone do Procon. Ele deve ainda ser planejado de forma que possa ser distribuído ou que o cliente possa levá-lo, para que se torne um meio de divulgação do estabelecimento.

Hoje o mercado apresenta uma grande oferta de equipamentos de controle de vendas que nos permitem fazer levantamentos precisos da quantidade dos pratos vendidos, tudo isso nos proporciona uma ferramenta excelente para a gestão do cardápio, aquilo que alguns autores chamam de engenharia de cardápios e que consiste na classificação da preferência ou quantidade de venda, comparada com a rentabilidade produzida por cada prato.

Antigamente, quando as estatísticas de vendas eram feitas em simples planilhas de papel, era trabalhoso e demorado conhecer as preferências dos nossos clientes. Agora podemos saber, a cada quarto de hora, quais os pratos mais vendidos e quantos cada garçom distribui, o que nos possibilita executar uma política de revisão do cardápio com maior freqüência e de forma mais eficiente.

Um cardápio enxuto representa a possibilidade de economia e racionalização de mercadorias e, também, de pessoal, além de tornar o controle do consumo mais fácil e efetivo.

Outro instrumento de gestão que está intimamente ligado ao cardápio é a ficha técnica que procura assegurar os padrões quantitativo e qualitativo, e a qualidade da apresentação dos pratos, além de permitir o controle de custo e facilitar o cálculo do preço de venda.

Embora possa parecer que a ficha técnica engesse o lado artístico da gastronomia, na verdade, ela não lhe causa qualquer prejuízo, ao contrário, garante a produção profissional das preparações, democratizando a sua distribuição a todos os comensais com as mesmas características de apresentação, gosto e quantidade. Como instrumento empírico do desenvolvimento de uma receita, ela permite ainda o seu aperfeiçoamento.

A utilização da ficha técnica pelos estabelecimentos de alimentos e bebidas tem diversos objetivos que podem ser alcançados facilmente:

1. garantir a qualidade da preparação;
2. fornecer a mesma quantidade a todos os clientes, evitando reclamações;
3. facilitar a preparação do prato;
4. facilitar o treinamento de novos cozinheiros;
5. personalizar o atendimento na sala, pois, conhecendo a receita, os garçons podem planejar o serviço mais adequadamente;
6. diminuir as perdas na cozinha, em razão da padronização;
7. evitar desvios de mercadorias;
8. controlar o custo das preparações;
9. permitir o acompanhamento do preço de venda;
10. aprimorar o gerenciamento do restaurante.

Basicamente, a ficha técnica deve conter informações sobre os ingredientes, quantidades, maneira de preparar, custos, número de porções, tempo de preparo e preço de venda, além, de uma foto do prato montado ou *layout*.

A inclusão da foto ou *layout* permite ao pessoal de cozinha executar sempre a mesma montagem, garantindo a apresentação uniforme do prato.

A abertura de empreendimento de alimentos e bebidas como alternativa de atividade profissional tem sido bastante utilizada e, muitas vezes, por pessoas sem qualquer vocação ou pouco preparadas para essa atividade. No auge da crise de emprego, muitas famílias perderam as suas reservas obtidas com o levantamento do Fundo de Garantia por Tempo de Serviço (FGTS), investindo-as na aventura de abrir um empreendimento de alimentos e bebidas, baseado na ingênua observação de que "todos precisam comer".

Toda atividade empresarial envolve riscos, por isso, ela deve ser planejada com o maior cuidado e rigor. O início do plano é constituído por um estudo apurado do mercado, para conhecer o público-alvo. Deve-se investigar quem são as pessoas que pretensamente freqüentarão o empreendimento, qual é o seu grau de instrução e sua ocupação, seus hábitos, em que faixa está a sua remuneração e, principalmente, qual a sua disposição em gastar com comidas e bebidas.

FICHA TÉCNICA DE PRATO

Nome da Preparação _____
Referência _____ Nº de Porções _____

PRODUTO	QUANTIDADE LÍQUIDA	UNIDADE	VALOR UNITÁRIO	RENDIMENTO	QUANTIDADE BRUTA	VALOR TOTAL	% PARTICIPAÇÃO
Q S	xxxxxx	xxxxx	xxxxxx		xxxxxx		xxxxxxxxx

Valor Total _____
Valor da Produção _____
Preço Líquido (dividir o valor da porção pelo CMV% que se pretende alcançar) _____
Impostos[2]
Preço Final de Venda 1 (dividir o preço líquido por 87,95%) _____
Preço Final de Venda 2 (com arredondamento) _____

(Verso da ficha)

Nome da Preparação _____ Referência _____

Modo de Preparo   Foto do Prato

_____
_____
_____
_____

---

2   Os impostos variam de empresa para empresa. Neste caso, foram considerados os valores: para o ICMS, 8,4%, PIS, 0,65% e Cofins, 3%, que, somados, perfazem 12,05%, calculados sobre o preço de venda. Portanto, o preço líquido representa (100-12,05)%, ou seja, 87,95%.

Não podemos esquecer de quantificar esse público levando em consideração a localização que temos como base.

Conhecer a concorrência, tanto em quantidade quanto em qualidade, é importante para sabermos, diante da demanda estimada no item anterior, em que nível de disputa pelo cliente vamos entrar.

As tendências do mercado e sua evolução nos dão uma visão das perspectivas de perenidade do empreendimento, mas é preciso, também, estarmos informados a respeito dos preços praticados e como se dá o seu reajuste. Finalmente, saber quem são as pessoas que se dedicam a este negócio, se são pessoas físicas, grupos empresariais ou multinacionais. Os sindicatos têm todas essas importantes informações, e ainda o índice de sucesso das empresas abertas nos últimos anos.

Pode não parecer importante conhecer os fornecedores, entretanto, certas localidades, principalmente aquelas que se encontram longe dos grandes centros, enfrentam dificuldades para se abastecerem de matérias-primas. Torna-se imprescindível conhecer os fornecedores locais, as suas condições de abastecimento — periodicidade, prazos de entrega e de pagamento — para se prevenir em relação ao capital de giro e às áreas para estocagem.

Após o estudo do consumidor, dos concorrentes e dos fornecedores, pode-se definir o produto a ser oferecido, ou seja, a tipologia do empreendimento, assim como, a categoria do estabelecimento. Ou seja, nessa fase, já haverá a especificação genérica do produto (churrascaria, lanchonete, pizzaria) e a estimativa de preço de venda, de acordo com o nível do público-alvo que se pretende atingir.

Na fase final do estudo do mercado, estimaremos o investimento, ou seja, investigaremos os preços dos equipamentos, móveis, utensílios, aluguel, ponto comercial, eventuais reformas ou adaptações física etc. Temos, também, que calcular qual o valor do capital de giro necessário para a movimentação do negócio. Nesse particular, as informações obtidas no estudo dos fornecedores será de grande valia. Deve ser realizada uma estimativa de receita e despesa para se avaliar a lucratividade e rentabilidade que pode ser auferida do empreendimento. É possível e útil estudar o ponto de equilíbrio e os fatores que podem representar algum risco para a continuidade do negócio, bem como especificar claramente quais são os fatores determinantes do sucesso. Nesse caso, poderá ser útil o estudo da concorrência.

Essa fase do planejamento pode ser considerada a final, pois, por meio dela, vamos ter uma idéia do resultado que o empreendimento poderá proporcionar. Vale lembrar que, muitas vezes, o negócio não é capaz de produzir resultados que compensem o investimento e o esforço que se vai empreender.

A localização é, em muitos casos, um dos fatores críticos para se alcançar o sucesso. Primeiro, deve-se avaliar se ela contempla plenamente o público-alvo definido. Isso não quer dizer que necessariamente o empreendimento deva estar localizado no mesmo lugar em que o público está, mas que ele tenha condições de acesso e trânsito fáceis, estacionamento etc. Dois aspectos devem ser verificados: se o plano de zoneamento da cidade permite a instalação deste tipo de empreendimento naquele local e se não há restrições de horário e circulação para as entregas. Os negócios implantados em *shoppings* sofrem restrições próprias a cada estabelecimento, que devem ser muito bem estudadas.

As condições do imóvel também precisam ser verificadas, pois estabelecimentos de alimentos e bebidas necessitam de instalações hidráulicas especiais, em razão da grande quantidade de gordura nas tubulações de esgoto. O mesmo cuidado deve ser tomado em relação ao fornecimento de energia e de gás. Exigências exageradas dessa natureza podem comprometer o estudo anterior de previsão de investimento, inviabilizando a sua implantação.

Ainda quanto à localização, deve-se estar atento para a eventual necessidade de expansão, que pode ser determinada por uma grande aceitação do produto.

Em seguida, são planejados os cardápios, ou seja, será detalhado o produto já estabelecido anteriormente.

Vale lembrar que o cardápio é a alma do empreendimento, é o plano de vôo sem o qual o negócio não se desenvolve ou se desenvolve mal. O cardápio pode ser fixo ou *table d'hôte*, usado em hotéis de diária completa, em banquetes, nos meios de transporte e, também, nas residências. Pode apresentar poucas opções, porém, preestabelecidas.

Já o cardápio *à la carte* apresenta uma relação de pratos divididos em itens, como saladas, carnes, peixes, legumes, sobremesas etc., no qual o cliente vai compor a refeição de acordo com a sua preferência. Os restaurantes tipo *self-service* apresentam diariamente uma possibilidade de escolha fixa, razão pela qual não são considerados *à la carte*.

Nos casos de restaurantes com cardápios fixos ou *table d'hôte*, costuma-se planejar os cardápios mensalmente, sempre levando em consideração a disponibilidade de equipamentos, pessoal, utensílios de serviço, volume de vendas etc., mas há uma predeterminação de produtos e, principalmente, do custo máximo de cada prato. Nos cardápios *à la carte*, o planejamento é feito com as mesmas variáveis para as diferentes ocasiões, assim, o cardápio do almoço será diferente do cardápio do jantar, eventos, banquetes, verão e inverno etc.

Em seguida a esse planejamento, serão elaboradas as fichas técnicas de todos os pratos e o estudo das operações necessárias para executá-las. Dessa forma, pode-se prever quais equipamentos de cozinha serão necessários.

Em função do público-alvo, da categoria e do cardápio, serão planejados os tipos de serviço que serão utilizados nas diversas ocasiões. Os serviços escolhidos nos remetem ao material necessário para executá-los, assim, serão elaboradas as listas de material de salão, bem como o estudo da necessidade de pessoal. No último caso, convém verificar a disponibilidade da mão-de-obra na região, a possibilidade de treiná-la e as exigências sindicais da categoria no local. Os sindicatos costumam negociar vantagens aos seus filiados que precisam ser conhecidas por quem está iniciando no ramo, pois podem onerar os custos.

O planejamento da estrutura física quase sempre necessita de consultoria externa, ele é dispensável apenas àqueles que estão acostumados com esta tarefa. De qualquer forma, alguns aspectos não podem ser esquecidos, e o estabelecimento de um *layout* das instalações deve ser revisto por todos os profissionais envolvidos, objetivando encontrar eventuais pontos de congestionamento nas instalações. Iluminação e arrumação das áreas de uso comum devem ser objeto de preocupação especial, assim como a decoração, que também merece ajuda externa de um profissional acostumado a este ofício.

Finalmente, não se pode esquecer de estudar áreas para os entretenimentos que, porventura, estejam planejados para o local, como: dança, apresentação musical, jogos etc.

A constituição jurídica do empreendimento também merece ajuda especializada, principalmente pelas exigências burocráticas que são feitas no momento da abertura da empresa. Todo o cuidado na escolha da consultoria é recomendado.

O processo inicia-se com a elaboração do contrato social que deve atender à legislação específica e à intenção dos sócios. Em seguida, o contrato precisa ser registrado na Junta Comercial local que já providencia o registro no Ministério da Fazenda para obtenção do CNPJ, depois, segue para o registro nas demais instâncias: Secretaria da Fazenda do Estado e do Município, INSS e Sindicato Patronal. Todos esses órgãos fazem exigências que devem ser cumpridas e as várias taxas, recolhidas. Somente um contador experiente pode orientar adequadamente o empreendedor. Ainda é importante lembrar da obtenção do alvará de funcionamento, obtido no Centro de Vigilância Sanitária da região do estabelecimento.

Somente após a satisfação de todas as exigências burocráticas, o estabelecimento será inaugurado.

Além das preocupações fundamentais de planejamento empresarial de alimentos e bebidas, faz-se necessário também a compreensão das macrotendências gastronômicas, desde os primórdios da alimentação até as fases evolutivas mais recentes e as que estão por ocorrer, culminando em uma leitura mais atenta de como administrar melhor os empreendimentos do futuro.

A evolução na gastronomia, do fogo ao minimalismo, requer dos *chefs* uma atualização incessante. Não podemos nos abster da modernidade, dos modismos, das preferências individuais e, principalmente, das tendências de mercado.

Partindo da pré-história, momento em que o homem descobre a sua aptidão para a caça e conhece novos sabores devido à cocção dos alimentos e, portanto, com a descoberta do fogo, percebemos, ao longo dos séculos, uma sucessão de adventos que nos remete sempre ao prazer. Nossos ancestrais aprenderam a semear e a obter alimentos que lhes agradavam e fizeram a seleção do que consideraram imprescindível para a sua sobrevivência.

A importância da gastronomia na Antigüidade foi tão grande que se registra o surgimento dos primeiros *chefs* de cozinha já em Roma. Na Grécia, os gregos, anfitriões por natureza, juntaram a arte de receber à preparação de alimentos. Contudo, foi na Idade Média que as viagens marítimas impulsionaram o intercâmbio cultural entre os povos e as trocas de experiências culinárias com ervas e alimentos processados, como o arroz e o macarrão. Foram descobertos utensílios, principalmente os de cerâmica, que até hoje utilizamos em nossas cozinhas e restaurantes. A Igreja teve um papel importante nesse processo, pois foi com o estudo de seus seguidores que ela dominou a medicina, as artes e a culinária.

Com o Renascimento, surgem hábitos mais refinados de se portar à mesa, e o uso do garfo e do guardanapo tornaram-se imprescindíveis. A culinária desenvolveu-se de tal modo que, nessa época, surgiu a primeira publicação de um livro dedicado a molhos e técnicas culinárias (La Varenne).

No século XIII, apareceram as casas de café e o primeiro restaurante em Paris (Boulanger). A gastronomia foi reconhecida com a fundação, no século XIX, da primeira escola de culinária.

Nos anos 1970, o modismo europeu da *Nouvelle Cuisine* — movimento que modernizou a gastronomia francesa — ascendeu para um novo momento da história, e a valorização do cozimento rápido, pouco tempero e molhos leves leva a sofisticação na apresentação dos pratos. A intensificação das influências, geradas no passado, é acelerada pela globalização; a facilidade das viagens e a troca de informações tornam-se cada vez mais necessárias.

No Brasil, a *Nouvelle Cuisine* começou a despertar interesse dos *chefs* na década de 1980 e, nestes últimos 30 anos, acompanhamos uma sucessão de eventos que fazem da gastronomia mais do que uma necessidade primária de sobrevivência, um prazer que a todo o momento busca inovações e novidades para alimentar os aficionados pela culinária, com suas porções minúsculas, servidas em pratos enormes.

Nos anos 1980, em São Paulo, vários restaurantes ofereciam comida vegetariana, entendendo que ela poderia satisfazer plenamente as necessidades de alimentação, primando pela saúde, já que esse tipo de alimentação não permite a ingestão de carnes.

Nesse mesmo momento, adeptos da comida natural ensaiavam o uso de alimentos com pouca ou mesmo nenhuma cocção, e, principalmente, isentos de agrotóxicos. Apesar dos simpatizantes consumirem esse tipo de produto há alguns anos, é nos dias de hoje que o mundo se volta intensamente ao consumo feroz de ingredientes desta natureza. Os produtos químicos que afetam os alimentos continuam sendo utilizados, contudo, os agricultores que se dedicam ao plantio de produtos orgânicos vêm conquistando cada vez mais consumidores preocupados com os efeitos que os agrotóxicos podem causar à saúde no futuro.

Foi também nos anos 1980 que a *Nutricuisine*, combinando a cozinha comercial e a nutricional, começou a despertar o interesse de alguns *chefs*, mas os resultados não foram satisfatórios. Contudo, no início dos anos 2000, esse conceito foi desenvolvido em vários hospitais que buscavam a melhoria da alimentação de seus enfermos. Eles encontraram uma solução que está sendo amplamente explorada no atendimento a seus hóspedes: alimento nutritivo, apresentado sempre com os conceitos básicos da gastronomia, como cor, sabor e textura.

Nos anos 1990, surgiram os restaurantes com cozinhas modernas e *chefs* aptos a mostrar aos seus clientes o preparo dos pratos, assim, instalaram suas cozinhas *show* no centro dos salões, para que a arte da confecção satisfizesse aqueles que aguardavam a hora da degustação. O *Show Kitchen* ainda é uma atração em vários restaurantes e, em muitos deles, a interação com os clientes é cada vez mais freqüente. Ele escolhe os ingredientes a serem usados e vê sua obra de arte ser preparada por um profissional que o ajuda com a seqüência de passos exigidos na cocção desses alimentos. Com o *mise-en-place* sempre disposto diante dos comensais, eles encontram temperos, ingredientes e cortes — para, naquele momento, formar o melhor dos pratos — e o prazer de construir, de montar, a sua obra-prima.

Segundo Hugh Carpenter, foi nessa onda que, combinando misturas de sabores da culinária de diferentes países e regiões, o *Fusion Food* ou *Fusion Cuisine*, como também é chamado, marcou um momento importante na culinária dos anos 1990, apesar de já ter despertado interesse no século XIII, com a viagem de Marco Polo à China. Explorado pelos grandes *chefs*, teve importância relevante na busca de novas fronteiras da gastronomia, ao combinar harmoniosamente ingredientes picantes, amargos, ácidos e doces e usar a criatividade, considerando a forma globalizada dos povos se alimentarem.

Na *Fusion Cuisine*, os *chefs* tentam libertar cautelosamente paladares aprisionados com misturas inusitadas. É preciso conhecer muito bem os ingredientes, seus sabores e odores, para se aventurar na tentativa de obter resultados satisfatórios.

Passamos também por um momento que acreditamos ser relevante na história da gastronomia, pois, com a educação alimentar, busca-se atender não só a manutenção da saúde das pessoas, como também cultuar o corpo. Foi para atender a essa demanda que surgiram algumas dietas.

A dieta Atkins pregava a isenção do consumo de carboidratos na alimentação. Com ela, não havia produção suficiente de energia e as pessoas emagreciam de forma acelerada. Mesmo assim, conseguiu muitos adeptos pelo mundo e, mais tarde, acabou sendo condenada por médicos e nutricionistas por se constituir em uma agressão ao corpo e à mente.

Segundo Arthur Gatston, depois entrou em cena a dieta *South Beach*, que dosa a quantidade e variedade de alimentos a serem ingeridos, atendendo à demanda da população aficionada por soluções milagrosas de emagrecimento. Nessa dieta, não há restrições de alimentos, apenas opções que dificultam a absorção da gordura, não sendo, portanto, agressiva ao sistema cardiovascular. Ela prega a conscientização alimentar que busca a melhoria da saúde incorporada ao dia-a-dia, sem radicalismos, e incentiva o consumo de fibras para dar a sensação de saciedade ao organismo, bem como a ingestão de gorduras insaturadas, que elevam o bom colesterol.

A dieta Mediterrânea, atribuída ao americano Ancel Keys, associou essa dieta a doenças cardíacas, descobrindo, em sua pesquisa, que os hábitos alimentares, cultuados pelos países banhados pelo Mar Mediterrâneo — com alto consumo de frutas, peixes, hortaliças, cereais, oleaginosas e azeite de oliva, entre outros — formavam uma combinação balanceada que atendia a um paladar saboroso, aliado a efeitos saudáveis, o que explica a elevada expectativa de vida adulta nesses países.

Testemunhamos ainda o desabrochar da comida *Diet*, atendendo à necessidade das pessoas que queriam ingerir menos açúcares a fim de estabilizarem o peso. Com isso, os diabéticos foram beneficiados com milhares de opções de produtos para consumo, que, até há alguns anos, eram muito restritas.

Não tardou e a comida *Light* encheu as prateleiras com alimentos isentos ou com o mínimo de gordura. O seu consumo explodiu, devido aos consumidores impulsionados pela relação *light versus* menos gordura no corpo.

Muitas dietas são apresentadas anualmente e muitas são condenadas por profissionais que se dedicam ao seu estudo intensivo para entender a real aplicabilidade e resultados de sistemas dietéticos que se dizem milagrosos. Essa é uma área pela qual milhares de pessoas se interessam com a esperança de obter uma alternativa rápida e eficaz de emagrecimento.

Voltemos ao prazer à mesa, para falarmos sobre uma prática esquecida e que muitos de seus adeptos tentam resgatar. Trata-se do *Slow Food*, que relaciona prazer e comida com consciência e responsabilidade. Essa modalidade incentiva o prazer propiciado pelo paladar e as refeições tranqüilas ao redor de uma mesa, procurando a qualidade nos detalhes ao se saborearem os alimentos e resgatar o convívio com a família e os amigos, sem pressa ou estresse. É o contraponto ao espírito do *Fast Food* e o que se tem da globalização: o indefinido, o anônimo. O *Slow Food* pretende retomar a convivência e os valores essenciais ao homem, entre eles, a simplicidade e os pequenos prazeres que a vida nos proporciona.

Chegamos ao momento sublime em que a culinária tradicional é transformada, recriada nas mãos do alquimista catalão, Ferran Adriá, que, com as suas invenções, sintetiza a culinária de várias regiões em sabores acentuados, apresentados em um prato cujas sensações degustativas atendem aos cinco sentidos. Considerado "o inventor da cozinha da desconstrução", sua interminável busca por novidades o fez temido pelos *chefs* franceses.

Nos últimos anos, presenciamos o crescimento do consumo de alimentos crus e suas vantagens para o corpo, denominada de *Raw Food* ou Cruvidorismo, um tipo de vegetarianismo com alimentos consumidos crus ou, no máximo, com cocção a 42 graus centígrados. O resultado é uma comida com sabor mais pronunciado, mais intenso, e culinária simples, mas criativa. A *Raw Food* começou a ser praticada na Califórnia, por um médico higienista. Para ele, os produtos crus oferecem mais vantagens para a saúde, pois conservam as enzimas importantes que, com o cozimento, são destruídas. Esse tipo de alimento necessita de higiene rigorosa, para que não cause problemas à saúde.

Atualmente, estamos agregando à Nouvelle Cuisine, o "minimalismo", pratos limpos, com poucos ingredientes, pequenas porções, mistura de ingredientes trazidos pela *Fusion Food* que provocam, no comensal, uma experiência única de provar microreceitas por meio de doses homeopáticas de comida, produzida com bastante condimento e ingredientes universais que provocam sensações gustativas incomparáveis a qualquer experiência gastronômica. Ela segue a tendência provocada por Adriá que, utilizando a origem da gastronomia, busca novas fronteiras com equilíbrio para que sejam sustentadas e conquistem os paladares dos mais exigentes *gourmets*.

O envolvimento dos comensais nas cozinhas *show* despertou neles um grande interesse de formarem seus clubes, os *Foodings*, aficionados que gostam de apreciar e fazer comidas que atendem a seus anseios e prazer, combinados à música, atmosfera, ambiente, buscando sempre um relacionamento entre a comida e a emoção.

Será que todo o *gourmet* já ouviu falar de *Bio cuisine* ou cozinha equilibrada, comentada por Jeffrey Steingartem? Depois que a Nutricuisine e a Fusion Food fizeram sucesso com a cozinha tradicional, a sensação do momento é a Biocozinha, criada na França por um grupo de agrônomos, nutricionistas, economistas, ecologistas e médicos. Inspirados em poderes mágicos das práticas alimentares do neolítico, eles pregam o respeito ao alimento e ao corpo. A ciência assegura que o bom cultivo dos alimentos e a dieta equilibrada podem controlar até o humor das pessoas. Baseados nesse conceito, eles equilibram os pratos com carnes — para mantê-los coloridos, bonitos e apetitosos — e priorizam a mistura de aromas.

Diante do tudo o que foi apresentado, a atividades em torno dos alimentos e bebidas demonstra que é uma alternativa viável e tem potencial para a maximização da gestão de infinitas oportunidades de estudos, negócios, investimentos e ações empreendedoras e criativas do empresariado de hotelaria, turismo, hospitalidade, entretenimento e serviços.

Bibliografia

AGATSTON, Arthur. *A dieta South Beach*. Ed. Rodale, 2003.

BARRETO, Ronaldo Lopes Pontes. *Passaporte para o sabor*. São Paulo: Senac, 2000.

BOURDAIN, Anthony. *Cozinha confidencial*: uma aventura nas entranhas da culinária. São Paulo: Companhia das letras, 2001.

CARPENTER, Hugh. *Fusion food cookbook*. Ed. Artisan Books.

Catálogo Institucional da UBF FoodSolution, 2002.

DONNA, ENZO. Manual ABIA – A nova distribuição para o FoodService Brasileiro. São Paulo: 2004, p.58-60

HAYES, David K.; NINEMEIER, Jack D. *Gestão de operações hoteleiras*. Pearson Prentice Hall, 2005.

SEBRAE/SP. *Como abrir sua empresa*. São Paulo: Sebrae, 1995.

STEINGARTEN, Jeffrey. *O homem que comeu de tudo*. São Paulo: Companhia das Letras, s.d.

VANCE Christian. *Seminário de gerenciamento de modernos restaurantes*. São Paulo: Senac/SP/Cornell University, s.d.

WALKER John, LUNDBERG Donald. *O restaurante, conceito e operação*. Porto Alegre: Bookman, 2003.

Webgrafia

www.abia.org.br

9

O Fenômeno Evento: Significados, Origens e o PCO

Marina Lindenberg Lima

Resumo

Este capítulo trata do fenômeno evento, abordando seus aspectos sociológicos; visa despertar uma reflexão sobre o seu significado para o ser humano, no decorrer da história e de suas origens.

A ênfase da maioria dos cursos e ou disciplinas de Organização de Eventos parece estar concentrada em discutir como se faz um evento, quais providências tomar, e não tanto sobre seu significado humanístico, tão necessário nos dias atuais. Nessa abordagem prática, encontramos muitos livros e textos.

Este capítulo oferece novas dimensões para o entendimento do fenômeno evento e está dividido em duas partes:

a) Apresentação de conceitos que buscam analisar o significado social dos eventos.

b) Apresentação de aspectos históricos sobre eventos e as origens dos PCOs.

Quando nos referimos ao termo eventos, pensamos logo em como organizá-los e quais as providências necessárias para que sejam um sucesso. Pouco refletimos sobre seu significado histórico ou sociológico. Este capítulo apresenta conceitos sobre o fenômeno evento, bem como seu surgimento enquanto atividade espontânea das sociedades, não como instrumento de educação formal, mas como instrumento de educação não formal e informal.

Ao longo dos tempos, os eventos foram perdendo seu caráter de espontaneidade, passando a ser, hoje, atividades planejadas e preparadas. Esse caráter mutável reflete as mudanças e as necessidades das sociedades. Portanto, essas mudanças, para os PCOs, representam um enorme desafio. Esclarecemos que a sigla PCO significa *Professional Congress Organizer* (Organizador Profissional de Eventos), designação utilizada internacionalmente no mercado de eventos e, também no Brasil, por profissionais desse setor. Embora mencione congressos, refere-se a eventos, como um todo. Consultamos duas entidades internacionais quanto à origem do termo: ICCA e IAPCO.[1]

Este capítulo é dividido em duas partes. A primeira abordará conceitos que buscam analisar o significado social dos eventos e, para isso, consultamos os autores Cox (1974) e Boorstin (1992). A segunda parte abordará, sinteticamente, aspectos relativos ao histórico sobre eventos e às origens dos PCOs. Assim, temos:

a) Uma visão social de festas e festividades sendo substituídas pelo trabalho, segundo Cox (1974).

b) As origens dos eventos planejados: uma perspectiva nos Estados Unidos, segundo Boorstin (1992). O que se denomina eventos, para o autor, são pseudo-eventos, já que estes

---

oferecem acontecimentos sintéticos para preencher a falta de eventos espontâneos. Exigir mais do que o mundo pode nos dar, exigimos que algo seja fabricado para compensar pela deficiência do mundo. Isto é apenas um exemplo da nossa demanda por ilusões (p. 9).

---

1 Fomos informados de que a International Congress and Convention Association (ICCA) foi fundada em 1963 e a International Association of Professional Congress Organizers (IAPCO), em 1968. Entre 1963 e 1968, um grupo de quatro a cinco organizadores de conferências se reuniu e começou a discutir a formação de uma associação. Foram eles: Fay Pannell (Reino Unido), Eric Friis (Dinamarca), Jean Destree (Bélgica), Albert Cronheim (Países Baixos) e Mr. Sommers (França). [Comunicações via *e-mails*, de 28 de novembro de 2003, com essas duas entidades internacionais.]

c) Um breve histórico sobre eventos e, destes, no Brasil.

O que é o fenômeno evento, entendido como manifestações presentes de todas as esferas das sociedades, como elementos identificadores e necessários para definir papéis e comportamentos, e também manter o grupo social. Evento é uma representação social, que envolve os poderes sociais, econômicos e políticos. Para essa parte, consultamos Canton (2002).

d) As origens dos PCOs foram identificadas em Canton (2002) e outros autores.

Visão Social de Festas e Festividades Sendo Substituídas pelo Trabalho

Cox (1974) apresenta, com profundidade e num contexto histórico, as transformações por que passou a sociedade ocidental, desde a Idade Média até a data da publicação de seu livro. Essas transformações dizem respeito à mudança do clima cultural quanto à capacidade para a festividade e a fantasia e, com ela, a de sonhar, imaginar e se expressar.

A abordagem dessa transformação social está baseada em Cox (1974), na Introdução e Capítulo 1. O autor inicia comentando que:

> Durante a Idade Média florescia, em algumas partes da Europa, um festival conhecido como a Festa dos Foliões, ou a Festa dos Loucos. Nessa manifestação colorida, usualmente promovida a primeiro de janeiro, até padres geralmente piedosos e cidadãos ordeiros colocavam máscaras grotescas, cantavam insinuantes modinhas e, numa palavra, mantinham todo mundo em suspenso por suas sátiras e folias. [...] Durante a Festa dos Foliões, não havia costume nem convenção social que não se expusesse ao ridículo, e até as personalidades mais credenciadas da região não conseguiam subtrair-se à sátira.

> A Festa dos Foliões não era nunca prestigiada pelas classes privilegiadas, mas antes condenada e criticada sem cessar. Apesar da oposição daqueles satirizados, esta festa sobreviveu até o século XVI, quando então, na épo-

ca da Reforma e da Contra-Reforma, foi esmorecendo gradativamente. Suas pálidas sombras se fazem ainda notar nas paródias e folias em vésperas de Todos os Santos (Halloween) e de Ano Novo (New Year´s Eve). (p. 11).

A fantasia e a possibilidade de, ao menos de vez em quando, inverter os papéis demonstravam que a cultura social podia zombar de suas práticas políticas e religiosas mais sagradas. Essas demonstrações ou festividades podem também ser consideradas eventos. Diversas manifestações populares vigentes, hoje classificadas como atrativos turísticos, na visão de um PCO, muitas vezes são consideradas eventos, ainda que não sejam tão organizadas e planejadas tecnicamente. Para Cox, houve um declínio de importância das festas e das festividades e o calendário repleto de festivais foi enxugado; em função disso, o mundo ocidental ficou mais pobre. Ele afirma ainda que a sociedade ocidental

> ...conseguiu a prosperidade à custa dum aterrador empobrecimento dos elementos vitais de sua existência. Esses elementos são: a *festividade* — capacidade de folia genuína e de alegres celebrações, e a *fantasia* — faculdade de enfocar situações de vida radicalmente alternativas (1974, p. 14).

Esses dois elementos não são valores em si, mas absolutamente vitais para a existência humana. Capacitam o homem a se relacionar com o passado e o futuro. Além disso, contribuem para que a criatura humana se enxergue como tendo origem e destino.

Certamente, continuamos a celebrar: jogos esportivos, festas sociais, reuniões, coquetéis e outros, mas não mais com o espírito de história cósmica ou de grandes histórias da busca espiritual do homem. O festejar atual é esporádico e as fantasias são calculáveis. Parece um festejar triste, sem alegria ou sabor. Parece haver algo de vazio. No entanto, a véspera do Ano Novo, por exemplo, é importante porque ativa a memória e a esperança e estes dois sentimentos são fundamentais para proverem os seres humanos de incentivo para continuar.

Cox (1974, p. 17) procura identificar os motivos que levaram a sociedade ocidental ao empobrecimento da fantasia. Para ele, a industrialização e o trabalho tornaram os seres humanos laboriosos e industriosos e menos lúdicos e imaginosos.

Lutero, Marx, Tomás de Aquino e Descartes "sancionaram" o homem operário e o homem pensador. Hoje é discutido, principalmente na esfera do lazer e do turismo, o problema do que fazer com o "tempo livre". Parece que quem tem "tempo livre" é malvisto! A industrialização trouxe, no seu bojo, a ênfase à ciência, à tecnologia e ao método científico, o que desvia a atenção das pessoas do reino da fantasia para as coisas manejáveis e exeqüíveis.

Atualmente, há estudiosos que apontam que a ciência sem intuições ou visões não chega a lugar algum. Parece haver, no ar, a busca por criatividade, para sair de um sistema asfixiante. Há necessidade de vermos novos horizontes e de resgatarmos os aspectos humanos da festividade e da imaginação, pois, se quisermos sobreviver, devemos inovar e adaptar. Argumenta Cox que "ou o mundo industrializado recupera o seu senso de festividade e fantasia, ou ruirá e será destruído" (1974, p. 19). As mudanças nas relações sociais, que vêm ocorrendo atualmente, clamam por inspirações e esperanças que levem o homem a sobreviver, podendo expressar sua imaginação, divertir-se nas suas brincadeiras e fantasias, enfim, viver plenamente sua humanidade. Segundo Cox, os festivais de rua estão voltando, assim como movimentos artísticos de jovens, além de filmes, romances e peças teatrais que exploram o mundo dos sonhos. Até mesmo alguns filósofos estão redescobrindo o significado da fantasia.

As considerações apontadas por Cox podem ser resgatadas e vivenciadas nos eventos, pois estes podem se prestar como veículos de manifestação de muitas dimensões da "alma" humana. Desde suas origens, os eventos lançaram mão da criatividade e da imaginação para atrair seus participantes. E, hoje, mais do que nunca, os eventos se tornaram objeto de notícia. Há quem afirme que "evento é notícia". Eventos são promovidos com o objetivo de apresentar muitas atrações numa atmosfera de *glamour*. Parece haver mágica e fantasia no clima e no ambiente do evento. Quanto mais formos capazes de manter esse clima do inesperado e do atraente, mais bem-sucedido será o evento.

Uma outra abordagem sobre o significado de eventos está fundamentada em Boorstin. Para ele, o que definimos como eventos, são, na verdade, pseudo-eventos. Vamos ver o que o autor quer dizer com isso.

As Origens dos Eventos Planejados

Boorstin (1992) comenta a respeito da Revolução Gráfica, responsável pela criação e poder da Imagem, que domina o mundo ocidental atual. Essa revolução é decorrente das revoluções democráticas, consolidadas a partir dos séculos XVIII e XIX. Ela está presente nas **técnicas de produção e reprodução**: imprensa, rádio, TV, vídeos, filmes, fotografia, imagens, dentre outras. E o conceito que está por trás dessa revolução é o de que "precisamos nos manter informados". Essa Revolução Gráfica é o poder do homem de fazer, preservar, transmitir e disseminar imagens precisas: imagens impressas de seres humanos, de paisagens, de eventos, de vozes de homens e de multidões. Hoje, constatamos a rapidez com que reproduzimos essas imagens! Nesse sentido, uma imagem pode ser vívida e superar a pálida realidade! (p. 13). Os avanços que tornaram possíveis os pseudo-eventos também construíram as imagens (ainda que planejadas, engendradas, ou distorcidas). Estas são mais vívidas, mais atraentes, mais impressionantes e mais persuasivas do que a realidade propriamente dita!

Boorstin indica que, até recentemente, os americanos ainda acreditavam na máxima de Abraham Lincoln de que "você pode enganar todas as pessoas por algum tempo; você pode até enganar algumas pessoas todo o tempo; mas você não pode enganar todas as pessoas todo o tempo" (1992, p. 36).

Segundo o mesmo autor, um pseudo-evento é um acontecimento que possui as seguintes características:

1. **Não é espontâneo**, ele acontece porque alguém o planejou, plantou ou o induziu. Tipicamente, não é um desastre de trem ou um terremoto, mas uma entrevista, que pode ser preparada com antecedência.

2. É plantado primeiro (mas nem sempre exclusivamente) com **o propósito imediato de ser reportado ou reproduzido**. Portanto, sua ocorrência é organizada para a conveniência da mídia de reportagem ou de reprodução. Seu sucesso é medido por meio de quanto o evento foi reportado, anunciado e comentado. As relações de tempo são comumente fictícias; o anúncio é dado antecipadamente "para *release* futuro" e escrito como se o evento já tivesse ocorrido. A questão: "É real, é verdadeiro?"; é menos importante do que: "Vai ser alvo de notícia?".

3. **Sua relação** com a realidade subjacente à situação **é ambígua**. Seu interesse cresce justamente pela sua própria ambigüidade. Com relação a um pseudo-evento, a pergunta "O que quer dizer?" significa uma nova dimensão. O interesse pelas notícias de um acidente de trem é: **o que** aconteceu e quais suas conseqüências reais; o interesse numa entrevista é sempre, de certa forma, **se** ela de fato aconteceu e quais teriam sido os motivos. A intenção da declaração era mesmo dizer o que foi afirmado? Sem um pouco dessa ambigüidade, o pseudo-evento não pode ser muito interessante.

4. Em geral, sua intenção é que seja uma **profecia de auto-satisfação**. Por exemplo, um hotel que promove uma festa para celebrar seu 30º aniversário, afirmando que o hotel é uma instituição de distinção, na verdade se torna uma instituição de distinção ao promover sua comemoração.

Se analisarmos essas quatro características de pseudo-eventos, de forma geral, não podemos deixar de perceber a força do direcionamento das opiniões:

a) de quem planeja e executa o evento;

b) de quem recebe ou assiste ao evento.

Nesse sentido, percebemos como os pseudo-eventos são manipuladores, assim como as outras mídias indicadas pelo autor. Os capítulos desse livro de Boorstin discutem como se desvia do original e se passa a considerar a cópia muito mais interessante! A abertura do Capítulo 1 apresenta a seguinte situação:

> Amiga admiradora: "Meu Deus, que lindo bebê é o seu filho!"
> A mãe: "Ah, isso não é nada — você deveria ver a sua fotografia!".

Com esse exemplo, percebemos com mais clareza o significado da pálida realidade e a força da imagem. Vivemos hoje, e cada vez mais, numa sociedade de imagens.

Boorstin continua sua argumentação apresentando mais oito aspectos que esclarecem e definem os pseudo-eventos (1992, p. 39-40):

1. Os pseudo-eventos **são mais dramáticos**. Um debate na televisão entre candidatos pode ser planejado para ter mais suspense (por exemplo, preparando e reservando questões que podem ser apresentadas como se fossem surpresas) do que um encontro casual ou discursos formais consecutivos, planejados pelos candidatos, em separado.
2. **Planejados para disseminação**, são mais fáceis de serem divulgados e tornados vívidos. Os participantes são selecionados pelo seu valor como notícia e interesse dramático.
3. **Os pseudo-eventos podem ser repetidos à vontade**, portanto, sua impressão (impacto) pode ser reforçada.
4. **Os pseudo-eventos custam dinheiro para serem criados**. Logo, alguém tem um interesse em disseminar, aumentar, promover e anunciá-los como eventos que devam ser vistos e que vale a pena acreditar neles. São, portanto, anunciados com antecedência e reprisados com o objetivo de se obter o retorno do investimento.
5. **Os pseudo-eventos, planejados para serem inteligíveis, são mais inteligíveis e, portanto, mais seguros.** Mesmo que não possamos discutir inteligentemente as qualificações dos candidatos ou assuntos complicados, podemos ao menos julgar a eficácia do desempenho na televisão. Quão reconfortante sabermos que podemos acompanhar algum assunto político!
6. **Os pseudo-eventos são mais sociáveis, mais agradáveis e mais convenientes de presenciar**. Sua ocorrência é planejada para a nossa conveniência. O jornal de domingo aparece quando temos uma manhã folgada para nos dedicarmos a ele. Os programas de televisão, quando estamos com nosso copo de cerveja à mão. No escritório, na manhã seguinte, o show de um artista renomado vai sobrepujar qualquer outro assunto que estivermos conversando na hora do cafezinho. Assim, o show do artista encontra seu "espaço" nas notícias.
7. **Conhecimento/estar informado a respeito dos pseudo-eventos**. O que foi notícia, ou o que foi encenado, e como, torna-se o teste de quanto

estamos "informados". As revistas de notícias nos apresentam regularmente pequenos testes relativos a "não o que aconteceu", mas sim aos "nomes que foram notícia", o que foi anunciado e noticiado nessas revistas. Os pseudo-eventos começam a servir de "discurso comum".
8. Finalmente, **os pseudo-eventos geram outros pseudo-eventos em progressão geométrica**. Eles dominam nossas consciências simplesmente porque encontramos muitos deles, e cada vez mais!

O livro de Boorstin (1992) discute as transformações e passagens de nossos valores da forma original para a forma distorcida, distante do real. E a população americana parece querer mais e mais que a realidade esteja distante! Penso que, ao menos aqui em São Paulo, também não estamos muito longe dessa realidade. Ressaltamos que esse livro foi lançado em 1962, portanto, numa época em que os computadores e a informática ainda não estavam disseminados como agora (2005). Hoje em dia, mais do que nunca, esta doença de se transformar tudo e se copiar tudo virou mania coletiva. Perdemos o referencial e o ponto de partida do original.

Quanto aos pseudo-eventos, constatamos que, cada dia mais, o mundo está sofrendo da enchente de eventos (como passaram a se chamar os pseudo-eventos): "Evento só é evento se for notícia!". Os eventos são poderosas forças de formação de opinião e, nesse sentido, são altamente manipuladores. Nem todos os eventos, porém, recebem a conotação de eventos manipuladores, no sentido pejorativo.

Conscientes desse aspecto manipulador, precisamos redobrar a atenção para que sejamos éticos na postura profissional, sabendo discernir os momentos verdadeiros daqueles distorcidos. Os eventos influenciam as sociedades e são, também, seus reflexos. São diversos lados influenciando uns e outros.

Apresentadas essas reflexões a respeito do impacto dos eventos sobre comportamentos sociais e as mudanças decorrentes, consideramos importante abordar aspectos mais concretos. Alguns aspectos históricos poderão esclarecer quanto às raízes dessas atividades.

Um Breve Histórico sobre Eventos

Os eventos nasceram com o raiar da civilização humana. Os grupos humanos sempre se reuniram e trocaram experiências. Desses anos distantes até a atualidade, a forma de se reunir pode ter sido alterada, mas permaneceu a necessidade do contato próximo, *vis a vis*, olho no olho, presente. Mesmo com toda a tecnologia existente hoje, os eventos parecem afirmar essa necessidade do estar presente, do contato humano. Há alguns anos, um participante de um evento declarou que freqüentava os encontros porque 5% do que ouvia e via eram assuntos novos, e os outros 95% serviam para fazer contatos e encontrar pessoas.

Embora não tenhamos feito uma pesquisa específica sobre o motivo que leva as pessoas a freqüentar os eventos, temos por hipótese que o fator "contato humano" seja um deles. Outra hipótese é a de que o evento leva a pessoa a sair da rotina e desfrutar do *glamour* que a imagem de um evento transmite. Embora planejado, a dinâmica entre as pessoas é, de certo modo, espontânea e há sempre o elemento-surpresa e os encontros inéditos que podem ocorrer durante o evento.

Assim, para que possamos conceituar eventos, algumas definições atuais apontam:

Goldblatt (2002, p. 6):

> é um momento único no tempo, celebrado com cerimônia e ritual, para satisfazer necessidades específicas. Esta definição é resultante daquela do antropólogo Victor Turner, que escreveu: "Toda sociedade humana celebra, com cerimônia e rituais, suas alegrias, tristezas e triunfos.".

Goldblatt (p. 8) ainda acrescenta que eventos podem ser celebrações, entendidas como:

> festividades que variam de feiras e festivais até eventos sociais que celebram as etapas dos ciclos da vida. Portanto, abrangem todos os aspectos da vida humana em que eventos são realizados com o objetivo de celebrar. (...) [Celebração deriva do latim *celebrate*, que quer dizer honrar.]

Watt (2004, p. 15), na introdução de seu livro, escreve:

> o dicionário define *evento* como sendo qualquer coisa que aconteça, diferentemente de qualquer coisa que exista <u>ou</u> uma ocorrência, especial-

mente de grande importância. Portanto, eventos são coisas importantes que acontecem.

Depreendemos, então, dessas definições sucintas, que um evento é a reunião de pessoas que, num momento importante, fogem da rotina do cotidiano, para celebrar alguma coisa.

Ao longo dos tempos, foram surgindo diferentes necessidades e demandas de eventos. Cox (1974) comenta as primeiras celebrações ou festivais cósmicos ou sazonais, passando pelos eventos religiosos (durante muitos anos dominantes), até os eventos de cunho histórico. O denominador comum é que, em geral, esses eventos' relembram e reforçam os heróis, a cultura, as lendas, as danças e músicas, no sentido de reafirmar aspirações novas e antigas.

Até chegarmos ao século XXI, o mundo ocidental realizou muitos eventos. Lembramos a época das Olimpíadas gregas, das competições dos gladiadores no Coliseu de Roma, dos torneios e dos mercados e feiras medievais. A respeito dessas feiras, Pirenne (1963, p. 103-104) comenta que o objetivo principal era prover a alimentação cotidiana da população que vivia no local onde se realizavam. Por isso, os mercados são semanais e seu raio de atração é muito limitado, restrito à compra e venda a varejo. As feiras, por outro lado, são lugares de reuniões periódicas dos mercadores profissionais. São centros de intercâmbios e, principalmente, de intercâmbios em grande escala, cujo esforço era trazer até eles, fora de toda consideração local, o maior número possível de homens e produtos. Essas feiras, na Idade Média, foram grandes incentivadoras do comércio e serviam de entreposto entre diversos mercados.

Em paralelo às feiras, outro segmento que promovia eventos, restritos aos seus membros, era a Igreja que, na Idade Média, ocupava lugar preponderante. Certamente outros grupos religiosos também se reuniam para praticar sua fé.

O Renascimento e a Revolução Industrial trouxeram profundas mudanças sociais, econômicas e políticas, e os eventos se adequaram aos novos tempos. A França já tinha uma certa tradição em organizar exposições desde 1789.[2] Em 1844,

---

2 Disponível em: <http//www.speel.demon.co.uk/other/grtexhib.htm>. Acesso em: 22 mar. 2004.

promoveu a Exposição Industrial Francesa. No Reino Unido, em 1851, houve a Grande Exposição, realizada em Londres, no Palácio de Cristal, articulada pelo Príncipe Albert, marido da Rainha Vitória. Essas grandes exposições eram a expressão do desenvolvimento industrial e um vislumbre do que ainda poderia ser conquistado.

Além dos eventos industriais e comerciais, havia também os encontros científicos, promovidos pelas academias de ciências dos diversos países da Europa. Eventos impulsionavam a economia, o conhecimento como um todo e o encontro entre pessoas. O século XIX foi importante para o surgimento do turismo e, nesse movimento, os eventos também começaram a se estruturar, como apresentamos no item: "As Origens dos PCOs".

Mas não poderíamos deixar de comentar, ainda que de forma breve, sobre os antecedentes dos eventos no Brasil. Canton (2002, p. 50) comenta que "por mais de 200 anos não se registrou o aproveitamento coletivo do lazer, mas sim momentos expressivos do poder do Estado ou do poder espiritual da Igreja". O Brasil Colonial, em termos de eventos, era pautado pelo calendário dos dias e cerimônias santos, dos domingos e das poucas oportunidades de transformar trabalho em música, dança e festa. Canton afirma que, em virtude do crescimento da população, "a partir do século XVIII, deu-se início à crescente pressão popular no sentido de participação nos eventos de rua" (2002, p. 55). A partir do século XIX, ocorreram mudanças nas festas públicas do Brasil, sob dois aspectos que foram caindo em desuso: "festejos oriundos do medieval (torneios e jogos cavaleirescos) e do barroco (grandes montagens cênicas dos símbolos do poder)" (Canton, 2002, p. 56).

As celebrações, a partir do século XIX até nossos dias, passaram das festas religiosas para as comemorações feitas pela sociedade do trabalho: Dia das Mães, Dia do Trabalho, Dia da Secretária, dentre outros. No entanto, conforme conclui Canton (2002, p. 58), "as festas atuais criaram uma possibilidade de expressão mais livre, cujo limite está nos meios próprios de cada classe social e no equilíbrio necessário ou escolhido entre os diferentes tempos sociais".

Já no século XX, no Brasil, podem ser destacados alguns eventos que representam marcos históricos dos eventos modernos. São eles:

1953: Exposição do Café, em Curitiba.
1954: Exposição do IV Centenário da Cidade de São Paulo.

1960: Feira da Indústria Têxtil – Fenit e Salão do Automóvel, ambas promovidas pela grande empresa promotora de feiras e exposições Alcântara Machado Feiras e Exposições, e que deram, por assim dizer, o arranque para o nascimento dessa dinâmica indústria no Brasil.

Segundo o Sebrae (2001-2002, p. 7), foram realizados 327.520 eventos no Brasil, no período de um ano. São 40 anos em que se constata crescimento nesse segmento de atividade econômica.

Hoje, os eventos parecem seguir a linha de reflexão de Boorstin — são planejados para corresponder à necessidade de algo novo, animado e inventado para preencher nossos desejos e ilusões. Eles acontecem também para promover o encontro entre as pessoas. Crescem em progressão geométrica e há, atualmente, muitas denominações para eventos. A título de exemplo, lembramos o "showmício": uma fusão de show musical com comício eleitoral. Significa dizer que os eventos se somam e novos são criados, pois sempre precisam apresentar alguma novidade.

Mas, de uma forma geral, os eventos podem ser agrupados de acordo com certas categorias e tipos, conforme Meirelles (1999), reunidos por área de interesse, embora muitos possam ser agrupados em dois ou mais tipos e categorias.[3]

- a) **Culturais**: têm como objetivo ressaltar os aspectos da cultura, para conhecimento geral ou promocional.
- b) **Empresariais**: tratam de realizações das organizações e empresas.
- c) **Esportivos**: quaisquer tipos de eventos no setor esportivo, independentemente de sua modalidade.
- d) **Religiosos**: tratam de assuntos religiosos, seja qual for o credo abordado.
- e) **Sociais**: visam somente à confraternização entre as pessoas.
- f) **Técnicos e científicos**: tratam de assuntos científicos nos campos da medicina, física, química, biologia ou pesquisa.

---

3 Do Terceiro Setor: segundo Canton (2002, p. 1), "são principalmente as Organizações Não-Governamentais (ONG), sociedades civis privadas, que não têm como objetivo o lucro e, sim, o atendimento das necessidades da sociedade". Muitas dessas entidades buscam visibilidade e, não necessariamente, atuação político-partidária.

g) **Lazer e entretenimento**: se forem eventos planejados, objetivam proporcionar entretenimento aos seus participantes.

Podemos subdividir essas categorias em diversos tipos de eventos, cada um deles com características e dinâmicas próprias. Chegamos a tantas variedades, que encontramos PCOs especializados em organizar determinados tipos de eventos. No entanto, esse seria um assunto para outro projeto.

Não destacamos os eventos de cunho político, promovidos pelos órgãos governamentais, pois são muito específicos e seguem suas próprias diretrizes.

Mediante a apresentação de um breve histórico sobre eventos, como passo seguinte, consideramos importante comentar sobre a figura do PCO. Concomitante à realização dos eventos, o PCO, na maioria das vezes trabalhando nos bastidores, merece destaque quanto à sua atuação, no sentido de também se organizar e buscar profissionalismo. Assim, sua origem será o foco da próxima parte deste capítulo. Lembramos que, por trás de cada evento, há PCOs e suas equipes: são as pessoas que, de fato, executam o evento.

As Origens dos PCOs

As origens dos PCOs seguem, de certa forma, o desenvolvimento do turismo, que passou a se organizar no século XIX. Mas, antes de ser denominada Organizador Profissional de Eventos, a função já existia, bem antes do século XIX. Podemos vislumbrar os prenúncios desse profissional, assistindo ao filme *Vatel, um banquete para o rei*. Vatel era assessor de um príncipe francês, que hospedou durante uma semana a corte de Luís XIV. O filme retrata as inúmeras providências que Vatel precisou tomar para que tudo desse certo nesse evento de sete dias.

Alguns dados históricos podem ser úteis para percebermos a extensão da penetração dos efeitos dos eventos. Atualmente, a maioria das entidades de classe promove seus eventos, uma vez que representam os interesses de grupos de profissionais que também foram aos poucos se organizando. De Tocqueville,[4] nos anos

---

4 Aléxis De Tocqueville (1805-1859): francês que visitou os Estados Unidos por volta dos anos 1830. Escreveu um livro interessante: *Democracy in America* (1831). Disponível em <www.google.com "De Tocqueville">. Acessado em: 4 mar. 2004.

pós-Revolução Americana (1776), já havia notado o espírito participativo da sociedade americana: "Para todo tipo de assunto cria-se uma associação...". Os Estados Unidos são um dos países que mais promovem eventos.

Canton (2002) apresenta mais alguns dados, em ordem cronológica:

1895: "Detroit lança o primeiro *Convention and Visitors Bureau*, que tinha por objetivo promover a cidade, visto que os encontros traziam benefícios para os empreendedores e para a comunidade receptora" (p. 49).

1896: "Um grupo de homens de negócios observou que grupos, associações que se encontravam, deixavam uma renda significativa nos lugares que locavam para se encontrarem, assim como na comunidade" (Montgomery *apud* Canton, 2002, p. 49).

1949: "Um grupo de líderes da indústria [de eventos nos Estados Unidos] reconheceu a necessidade de se estabelecer padrões para as práticas da indústria e criou o *Convention Liaison Council* — CLC. Esse grupo continua a ser um fórum no qual os líderes e representantes das associações que existem para educar profissionais possam discutir os assuntos do momento, melhorar suas operações individuais e, conseqüentemente, os profissionais que são seus associados" (CLC, 1994, p. 3).

1963: fundada a *International Congress and Convention Association* — ICCA [hoje, com sede em Amsterdam], a partir de duas agências de viagens. É atualmente uma das mais importantes entidades de classe voltadas para o mercado de eventos. Entre seus membros, encontramos representantes de diversos segmentos do chamado "*trade* de eventos": centros de convenções, agências de turismo, hotéis, companhias aéreas, organizadores profissionais de eventos e serviços de apoio, dentre outros. Essa entidade trabalha apenas com eventos internacionais e tem um cadastro do histórico deles. A ICCA é uma fonte de pesquisa muito importante para quem deseja captar um evento para seu país.

1966: fundado a Empresa Brasileira de Turismo — Embratur. Como o nome indica, é um órgão oficial do turismo brasileiro.

1968: fundada a *International Association of Professional Congress Organizers* — IAPCO [hoje, com sede em Bruxelas]. Entidade voltada para o aperfeiçoamento dos profissionais que atuam no setor.

1975: fundada a Organização Mundial do Turismo — OMT/WTO, cujas origens remontam a 1925, por ocasião do Congresso Internacional de Associações Oficiais de Turismo, realizado em Haia. Passou a chamar-se, depois da II Grande Guerra, IUOTO (International Union of Official Travel Organisations) e, desde 1975, é designada OMT. Hoje, a sede mundial é em Madri, Espanha. Sua atuação é mundial, tratando de assuntos referentes a turismo e sua cooperação com outras organizações das Nações Unidas.

1977: em 15 de janeiro foi fundada a Associação Brasileira de Empresas de Eventos — Abeoc. É entidade civil, sem fins lucrativos, nem caráter político-partidário. Tem jurisdição em todo o território nacional e sua finalidade é coordenar, orientar e defender os interesses de seus associados, representados por empresas organizadoras, promotoras e prestadoras de serviços para eventos.

1984: a 25 de janeiro, foi fundado o São Paulo Convention & Visitors Bureau — SPCVB. É uma fundação sem fins lucrativos, mantida pela iniciativa privada, contando atualmente com a contribuição de aproximadamente 200 mantenedores. Busca ampliar o volume de negócios e o mercado de consumo na cidade de São Paulo, por meio da atividade turística.

1984: a 28 de fevereiro, foi fundado o Rio Convention & Visitors Bureau — RCVB. Trata-se de uma fundação, de direito privado, sem fins lucrativos, com sede no Rio de Janeiro. Foi instituída por iniciativa de entidades públicas e privadas. Seu objetivo é promover, de forma organizada e permanente, seu destino turístico, visando a captação de congressos e conferências, sobretudo para os períodos de baixa estação. Procura ainda estimular e incrementar o fluxo turístico de qualquer natureza.

1984: primeiras legislações brasileiras referentes a empresas organizadoras de eventos (Decreto N° 89.707, de 25 de maio de 1984 e a Resolução Normativa — Conselho Nacional de Turismo, CNTur N° 14, de 1984 são as bases legais para a atuação do PCO. Essa profissão não é regulamentada, portanto, é atividade livre para qualquer pessoa no seu exercício. Não há, assim, pré-requisitos, critérios e procedimentos de competência profissional para o exercício da atividade. Basta ser cadastrado na Embratur).

Conforme depreendemos dessa cronologia, foram apenas identificadas e nomeadas ações realizadas na busca da organização do mercado de eventos e dos profissionais que nele atuam. É um processo demorado, que conta com pouco mais de 40 anos no Brasil, mas vem conquistando espaço. O público atual exige mais qualidade e as expectativas são maiores. Já temos conhecimento de cursos voltados para a formação do PCO.

Muito já avançamos em termos de mercado e tecnologias de eventos. Novas necessidades exigem constante aperfeiçoamento e, nesse bojo, são incluídas competências profissionais para que ocorram melhor desempenho e qualidade na prestação de serviços. O PCO, hoje uma profissão não regulamentada, demanda vastos conhecimentos de administração, turismo, relações públicas e hospitalidade.

Este capítulo pretendeu apresentar o fenômeno evento como uma dinâmica social, econômica e, muitas vezes, política. As manifestações que ocorrem no transcurso de um evento são necessárias à sociedade, especialmente no mundo ocidental atual, em que há grande ênfase nos fatores "trabalho e tecnologia" e menor ênfase nas festividades e festas. A proliferação de eventos que acontece nos dias de hoje pode significar a busca dos seres humanos de resgatar o sentido da fantasia e do sonho, conforme discutem os autores Cox e Boorstin.

Destacamos, no entanto, que os eventos acompanham os movimentos sociais e hoje o público é mais exigente. Assim, os organizadores de eventos também precisaram se profissionalizar e dominar um conhecimento global que envolve diversos setores e técnicas.

Neste breve capítulo, pudemos descortinar a amplitude e a vastidão do fenômeno evento — a quantidade de enfoques, ramificações e o dinamismo necessário que nos conduzem na busca do aprofundamento desse conhecimento e dessa atividade. Dentre todos eles, a busca pelo profissionalismo, por meio de cursos, legislações e organização de classe, parece ser o objetivo principal dos PCOs que atuam no mercado. São, portanto, temas que merecem outros estudos específicos.

Bibliografia

BOORSTIN, Daniel. *The image*: A guide to pseudo-events in America. New York: Vintage Books, 1992 (original publicado em 1962).

BRASIL. Decreto nº 89.707, de 28 de maio de 1984. Dispõe sobre empresas prestadoras de serviços para Organização de Congressos, Convenções, Seminários e Eventos congêneres. *Diário Oficial [da] República Federativa do Brasil*, Brasília, DF. Seção I, p. 7.537/9.

BRASIL. Resolução Normativa CNTur nº 14/84. Dispõe sobre as condições operacionais a que estarão sujeitas as empresas prestadoras de serviços remuneradas para a Organização de Congressos, Convenções, Seminários e Eventos congêneres.

Disponível em: <http://www.embratur.gov.br/legislacao/congressos.asp>. Acesso em: 2 set. 2003.

CANTON, Marisa Antonia. *Eventos*: ferramenta de sustentação para as organizações do terceiro setor. São Paulo: Roca, 2002.

CONVENTION LIAISON COUNCIL. *The Convention Liaison Council Manual*: A working guide for effective meetings and conventions. 6. ed. EUA: Lincoln H. Colby, CMP, Editor, 1994.

COX, Harvey. *A festa dos foliões*: um ensaio teológico sobre festividade e fantasia. Tradução de Edmundo Binder. Petrópolis: Vozes, 1974.

GOLDBLATT, Joe Jeff. *Special Events*. Twenty-First Century Global Event Management. 3. ed. New York: John Wiley & Sons, 2002.

GOLDBLATT, Joe Jeff; NELSON, Kathleen. *The international dictionary of event management*. 2. ed. New York: John Wiley & Sons, 2001.

MEIRELLES, Gilda Fleury. *Tudo sobre eventos*. São Paulo: Editora STS, 1999.

PIRENNE, Henri. *História econômica e social da Idade Média*. São Paulo: Mestre Jou, 1963.

SEBRAE — SERVIÇO BRASILEIRO DE APOIO ÀS MICRO E PEQUENAS EMPRESAS e Fórum Brasileiro de Convention & Visitors Bureaux. *I Dimensionamento econômico da indústria de eventos no Brasil*, São Paulo, 2001/2002.

VATEL, um banquete para o rei. Direção: Roland Joffé. Produção: Alain Goldman e Roland Joffé. Intérpretes: Gerard Depardieu; Uma Thurman; Tim

Roth e outros. Roteiro original: Jeanne Labrune. Co-produção: franco-inglesa. Música: Ênio Morricone. Figurino: Yvonne Sassinot de Mesle. Adaptação para o inglês: Tom Stoppard. Gaumont Legende Enterprises 2000. (112 min.), 14 anos, son., color., DVD, português e inglês. Indicado para o Oscar em 2001, melhor direção de arte. Seleção oficial Cannes 2000.

WATT, David. C. *Gestão de eventos em lazer e turismo*. Tradução de Roberto Cataldo Costa. Porto Alegre: Bookman, 2004.

Sites Consultados

www.abeoc.org.br/quem/quem_perf.html. Acesso em: 29 mar. 2004.

www.embratur.gov.br/legislacao/congressos.asp. Acesso em: 2 set. 2003.

www.google.com. "De Tocqueville". Acesso em: 4 mar. 2004.

www.iapco.com. Acesso em: 15 mar. 2003.

www.icca.nl. Acesso em: 15 mar. 2003.

www.rioconventionbureau.com.br/rcvb/sobre/so_frames.htm. Acesso em: 6 maio 2004.

www.spcvb.com.br/ospcvb/asp. Acesso em: 6 maio 2004.

www.speel.demon.co.uk/other/grtexhib.htm. Acesso em: 22 mar. 2004.

www.world-tourism.org/aboutwto/eng/aboutwto.htm. Acesso em: 29 mar. 2004.

E-mails Consultados

icca@icca.nl. Acesso em: 18 mar. 2003.

info@iapco.org. Acesso em: 28 mar. 2003.

secretaria@abeoc.org.br. Acesso em: 11 mar. 2004.

10

Governança

Regina Laus

Este capítulo foi escrito com base em minha experiência profissional, adquirida durante os 29 anos que atuei na área de Governança. Aprendi na prática, com acertos e erros, a importância desse departamento e quais os melhores caminhos para obter bons resultados na sua administração.

A bibliografia indicada, no final deste capítulo, oferece mais subsídios sistemáticos sobre o assunto.

O departamento de Governança nos hotéis, muitas vezes, não desperta interesse nos estudantes universitários e futuros profissionais da hotelaria, por ser entendido, a princípio, como um trabalho relacionado apenas com o desempenho das camareiras na limpeza das unidades habitacionais.

A idéia de muitos é que a governança realiza um trabalho operacional, rotineiro, mecânico, sem *glamour* e sem grande importância no universo hoteleiro. Esse pensamento está bem distante da realidade. O trabalho de uma dona de casa não se compara ao trabalho das governantas nos hotéis. Há uma grande diferença entre o trabalho doméstico e o profissional.

Nas residências, muitas tarefas são realizadas de improviso, sem técnica, sem conhecimentos relativos a produtos, procedimentos e controles. Em contrapartida, no trabalho profissional, além do conhecimento técnico e da constante atualização, é preciso cuidar do patrimônio da empresa, utilizar fichas de controle, administrar pessoas e custos.

A Governança deve ser vista como um setor vital para qualquer hotel. Uma das várias responsabilidades é realmente cuidar da limpeza das unidades habitacionais, e esse trabalho precisa ser realizado por profissionais capacitados, com conhecimento e técnica, sem que se invada a privacidade do hóspede. A própria limpeza precisa ser encarada como uma ciência e não mais como uma simples atividade.

Nos hotéis, o profissional responsável pelo departamento de Governança ocupa um cargo de muita responsabilidade e, em alguns hotéis de grande porte, chega a ser considerado de nível gerencial, devido ao grande número de funcionários e responsabilidades, que respondem a uma gerência. Nos hotéis maiores, eles se reportam ao gerente de hospedagem e, nas menores estruturas, diretamente ao gerente geral.

O cargo pode ser ocupado por homens ou mulheres indistintamente. No Brasil, há homens no comando, mas o maior volume ainda é o de mulheres.

Há diferentes denominações para a função, as mais utilizadas para as mulheres são "governanta executiva", nas maiores estruturas, e "governanta", em *flats* ou hotéis de menor porte. Quando é o homem que ocupa a função, ele chamado de "gerente de governança", "supervisor geral de governança" ou "governante", mas pode haver outras denominações.

A Governança é um departamento que se relaciona diretamente com todos os demais, seja em função da limpeza ou da uniformização dos funcionários. O conhecimento de cada departamento e a comunicação interdepartamental são necessários para que a Governança se programe e atenda às necessidades de cada um, disponibilizando uniformes para todos os setores e enxoval para A&B, entregando as áreas limpas, liberando as unidades habitacionais ou mantendo a limpeza nos momentos certos.

A Governança comunica-se com todos os departamentos, mas é mais próxima da Recepção, Manutenção e setor de Eventos, em função do escopo de seu trabalho.

Por meio da Recepção, a Governança é informada diariamente sobre a relação de entradas de hóspedes Vips, recém-casados e grupos. Recebe informações referentes a colocação de camas extras e berços, número previsto de entradas e saídas, horário de chegada e saída dos grupos, além de toda e qualquer informação complementar que necessite de sua atenção e providências.

Governança

O relacionamento com a Manutenção é muito próximo, já que a governança, por meio dos seus funcionários, tem acesso diário a todas as áreas do hotel, com exceção das cozinhas, e pode contribuir, dessa forma, informando os problemas detectados nessas áreas, sejam eles elétricos, hidráulicos, do ar-condicionado ou qualquer outro. Ela emitirá solicitações de serviço para que a Manutenção providencie os consertos necessários.

A manutenção preventiva também aproxima os dois departamentos, pois eles devem caminhar paralelamente para que as áreas e unidades habitacionais sejam entregues em condições e nos prazos previstos. Na manutenção preventiva em unidades habitacionais, a participação da Recepção, no processo, também é fundamental.

Com o setor de Eventos, a Governança planeja a limpeza e conservação das áreas, salas e banheiros, de acordo com os horários dos eventos agendados, e também prepara o enxoval de mesa, segundo a solicitação desse departamento.

O departamento de Governança dos hotéis tem como principais responsabilidades:

- administrar o trabalho realizado nas unidades habitacionais;
- cuidar da limpeza das áreas comuns — sociais e de serviço —, exceto, na maioria dos hotéis, da limpeza das cozinhas, pois esse é um trabalho realizado pelos *stewards*, subordinados à gerência de A&B;
- administrar a rouparia central que envolve o controle do enxoval de cama, banho e mesa e também dos uniformes dos diversos departamentos do hotel;
- cuidar de toda a parte administrativa do setor, treinamento e supervisão da equipe;
- cuidar também da lavanderia, frigobar, jardinagem e reciclagem de lixo que, em muitos hotéis, também fazem parte do universo da Governança.

Para facilitar o entendimento, dividimos o setor de governança em subsetores: básicos e não-básicos. Os básicos, encontrados em qualquer hotel, são responsáveis pelos Andares, Limpeza, Rouparia Central e Central de Governança.

Nos hotéis de maior porte, são bem estruturados, possuem funcionários e chefias independentes; nos demais, há uma maior integração entre eles, as estruturas são mais flexíveis, funcionários e chefias, muitas vezes, atuam em vários deles.

Os não-básicos podem, eventualmente, nem existir em estruturas menores, como é o caso da Jardinagem e também do Frigobar. Em outras, eles existem, mas é terceirizado ou fica sob a responsabilidade de outro departamento, como o Frigobar que, com alguma freqüência, é administrado diretamente pelo departamento de A&B do hotel.

Com relação à Lavanderia, todo hotel necessita de uma. Em alguns casos, ela é propriedade dele e administrada pela Governança, mas pode ser um setor totalmente independente ou terceirizado; atualmente, isso ocorre com grande freqüência.

Para a realização de um trabalho eficiente por parte da Governança, alguns pontos devem ser avaliados, como a definição do quadro de funcionários. Não há um número ideal, estimado para os diversos hotéis. Essa definição é muito particular e se deve levar em consideração as características de cada empreendimento, como tipo de hotel, localização, perfil do hóspede, permanência média, área construída, tipos de revestimentos utilizados, número de unidades habitacionais, quantidade, tipo e horário de funcionamento dos pontos-de-venda, área envidraçada, serviços terceirizados etc.

O trabalho realizado com um quadro muito enxuto invariavelmente compromete a qualidade não só do trabalho realizado, como também deteriora e reduz a vida útil de revestimentos e mobiliários, entre outros.

É preciso uma avaliação consciente e detalhada para se definir o quadro ideal de funcionários do departamento de Governança de cada hotel.

Outros pontos importantes são: o treinamento da equipe; a padronização dos serviços; a elaboração de programas de trabalho, envolvendo as rotinas e as limpezas periódicas; a escolha de produtos de limpeza; equipamentos; ferramentas e suprimentos; a definição do enxoval e dos uniformes dos diversos setores, e dos demais itens de uso do departamento; a realização de inventários e a preocupação constante com a preservação do patrimônio; e com os controles de custos e qualidade.

Quando não se conhece o trabalho executado pela Governança e a real importância do departamento para o hotel, sua administração é entregue a pessoas não qualificadas, acarretando prejuízos inestimáveis à imagem do hotel e ao patrimônio da empresa, perda de hóspedes e clientes, e, em muitos casos, até problemas com a saúde dos usuários, em decorrência de falta de higienização adequada, e também dos funcionários, por falta de utilização de ferramentas corretas para o desempenho das suas funções.

Funções

Governanta ou Governanta executiva: na maioria dos casos, é a profissional responsável pelo maior número de funcionários em comparação com os demais departamentos do hotel e responde pela administração total do departamento.

Para o desempenho da função, são necessárias qualidades morais, bom condicionamento físico, senso de organização, grande capacidade de liderança e conhecimentos técnicos.

Assistente de governança: trabalha diretamente com a governanta, dividindo tarefas e atribuições, e assume a responsabilidade pelo departamento na ausência dela.

Atendente de governança: responsável por toda a parte burocrática do departamento, distribuição das tarefas, atendimento das solicitações feitas ao departamento e emissão de ordens de serviço para a manutenção, dentre outras. Em hotéis menores, o trabalho é realizado pela governanta.

Supervisora de andares: responsável pelo trabalho das camareiras e liberação dos apartamentos. Em hotéis menores, atua também como assistente, sendo responsável pela supervisão de todo o departamento.

Camareira: responsável pelo principal produto vendido no hotel, deve zelar para que a unidade habitacional esteja impecável, afim de que o hóspede se sinta bem e confortável no hotel. Reporta-se diretamente à governanta e, nos hotéis de maior porte, à supervisora de andares.

Auxiliar de limpeza ou faxineiro: realiza qualquer combinação de tarefas para manter as instalações do hotel limpas e em ordem. É responsável pela limpeza de todas as áreas comuns: sociais e de serviço. Reporta-se à governanta e, nos hotéis de maior porte, a um supervisor ou líder.

Auxiliar de rouparia ou roupeira: é responsável pelas roupas do hotel (enxoval e uniformes), atendimento aos diversos setores e funcionários, confecção, conserto, reparos, envio e recebimento das roupas para a lavanderia. Reporta-se diretamente à governanta ou, em estruturas maiores, a uma supervisora de rouparia ou líder.

Organograma

Não existe organograma padrão para a Governança, mas exemplificamos a seguir, um para pequenos hotéis e outro para estruturas maiores.

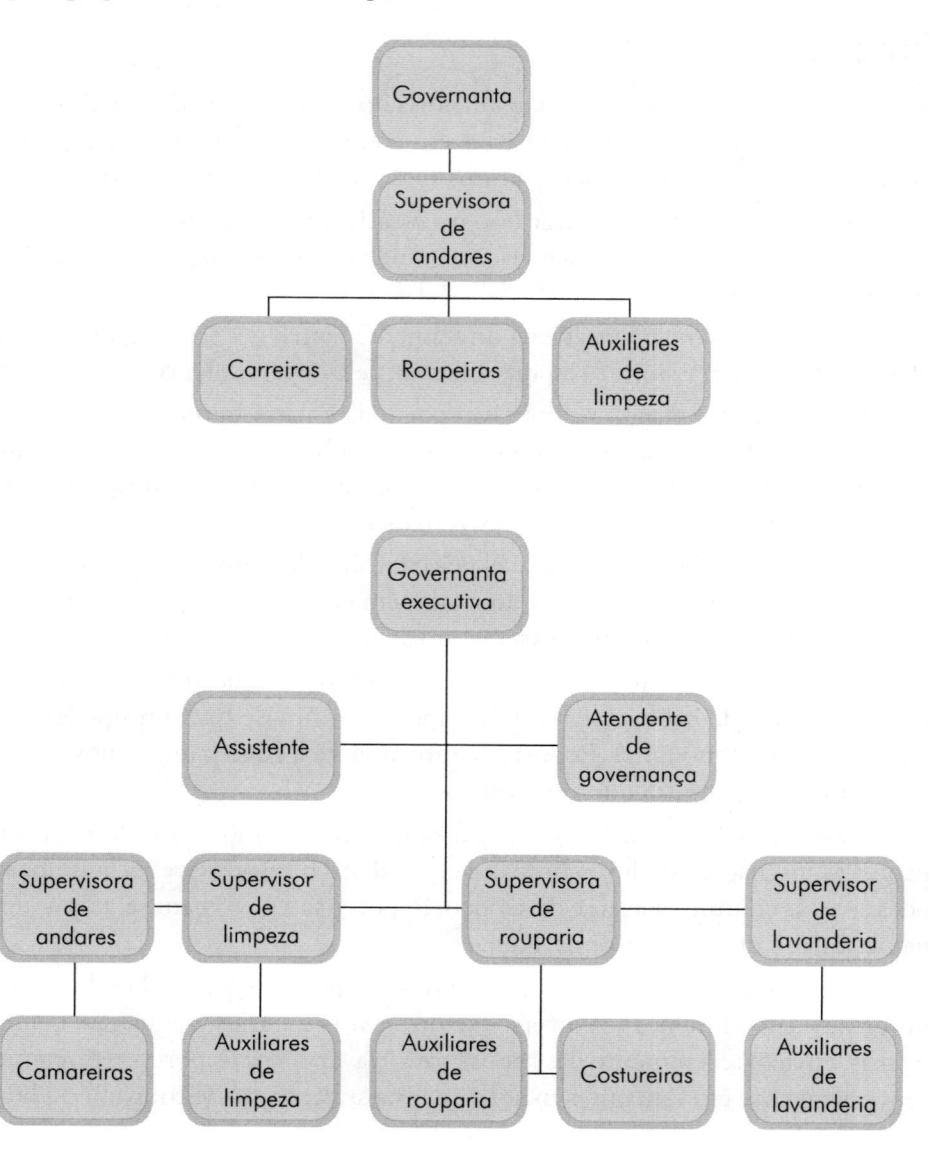

```
                    Governanta
                        |
                   Supervisora
                        de
                     andares
          _____|_____
         |              |              |
     Carreiras      Roupeiras      Auxiliares
                                       de
                                    limpeza
```

```
                       Governanta
                        executiva
                            |
                _____|_____
               |                         |
           Assistente              Atendente
                                      de
                                   governança

   Supervisora   Supervisor    Supervisora    Supervisor
      de           de              de            de
   andares       limpeza        rouparia      lavanderia
       |            |               |             |
   Camareiras   Auxiliares      Auxiliares                Auxiliares
                   de              de        Costureiras     de
                limpeza         rouparia                  lavanderia
```

O Profissional de Governança

O profissional de Governança necessita de conhecimento técnico, além de gostar de servir, ser comunicativo, organizado e cuidar da aparência pessoal. Porém, é a vocação que pode determinar a qualidade do profissional nesta área.

Na prestação de serviço, a atenção com a postura, uniformização e o cuidado com a aparência são fundamentais.

Treinamento da Equipe

Seja qual for o porte do hotel, deve haver um Programa de Treinamento para o departamento de Governança. Em alguns hotéis, a governanta deve responsabilizar-se diretamente pelo treinamento da equipe; os outros, de maior porte, podem contar com a ajuda de um departamento de Treinamento, o que contribui muito para a formação da equipe. Mesmo nessas situações mais privilegiadas, a governanta não deverá descuidar-se do processo. É importante que ela participe e acompanhe a equipe no desempenho das tarefas, para correção de desvios operacionais.

O objetivo do treinamento é orientar os novos funcionários em relação às normas, uso de Equipamento de Proteção Individual (EPI), procedimentos, tarefas a executar, padronização, conduta, padrões de produtividade e de qualidade. É conveniente lembrar que o processo de treinamento deve ser contínuo.

Nas maiores estruturas, a governanta pode designar uma supervisora para trabalhar com os novos funcionários e com os funcionários mais antigos em treinamentos adicionais, quando houver a introdução de novos procedimentos e produtos, quando as inspeções de qualidade detectarem problemas ou apenas como medida preventiva e rotineira para a manutenção da qualidade. Nos hotéis menores, a própria governanta deve se responsabilizar por essas tarefas.

Caso uma supervisora seja designada, ela deve ser comunicativa e didática, possuir conhecimentos técnicos, liderança, disposição e motivação para realizar esse trabalho.

Em muitos hotéis, o treinamento é focado na multifuncionalidade. Dessa forma, têm-se uma gama maior de profissionais em caso de variação de carga de trabalho ou falta de pessoal. O treinamento também visa atingir o equilíbrio entre produtividade e qualidade. Para o departamento, qualidade com baixa produtividade ou alta produtividade com baixa qualidade não são interessantes. O trabalho precisa ser distribuído e realizado de forma eqüitativa.

Padronização

Na Governança, deve haver preocupação com a padronização, não só na forma de colocação dos móveis, posicionamento dos objetos, definição das quantidades de *amenities* por Unidade Habitacional, como também com a padronização dos serviços, forma como serão realizadas as tarefas, por onde devem ser iniciadas, que produtos serão utilizados etc.

O hóspede, por exemplo, não deve perceber que o serviço realizado em sua Unidade Habitacional foi executado por uma camareira diferente. A padronização permite que o trabalho seja realizado sempre da mesma maneira, por qualquer funcionário.

A padronização também deve estar presente na arrumação dos carrinhos funcionais, tanto das camareiras quanto dos auxiliares de limpeza. Primeiro, porque ficam à vista dos hóspedes e precisam ter uma aparência organizada. Segundo, porque podem ser utilizados, por serem instrumento de trabalho, por mais de um funcionário nos diversos turnos ou durante a semana. A padronização evita perda de tempo na localização dos materiais — vale lembrar que o tempo é precioso e não pode ser desperdiçado. Cada minuto perdido, no decorrer do dia de trabalho, reflete-se em perda de qualidade na finalização das tarefas.

Nas rouparias dos andares, também chamadas de "copas", mesmo estando fora do alcance dos hóspedes, a padronização é importante para otimizar o trabalho das camareiras.

Enxoval

Cama e banho: a existência de quantidade suficiente de peças é fundamental para a operação. A falta de roupas acarreta transtornos — como demora na liberação de apartamentos, deslocamentos de camareiras e supervisoras em busca de roupa — gerando queda na produtividade e, inclusive, prejuízos relacionados ao desgaste precoce das fibras, que deixam de ter o período de descanso necessário.

Para lençóis, fronhas e felpas, o cálculo do *estoque mínimo* é simples:

Para hotéis com lavanderia própria, são necessárias três mudas de roupa por Unidade Habitacional.

Tipo de roupa	Quantidade por UH	Rouparia do andar	Rouparia central Lavanderia	Total
Lençol casal	02	02	02	06
Fronha	02	02	02	06
Toalha de banho	02	02	02	06
Toalha de rosto	02	02	02	06
Piso	01	01	01	03

Para hotéis com lavanderia terceirizada ou externa, são necessárias quatro mudas de roupa por unidade habitacional.

Tipo de roupa	Quantidade por UH	Rouparia do andar	Rouparia central	Lavanderia	Total
Casal	02	02	02	02	08
Fronha	02	02	02	02	08
Banho	02	02	02	02	08
Rosto	02	02	02	02	08
Piso	01	01	01	01	04

Para definição do estoque dos demais itens, não existe uma fórmula única. É preciso bom senso para se chegar às quantidades necessárias, sem excessos ou faltas.

No caso dos cobertores, por exemplo, deve-se avaliar o clima da região, para se definir se as camas serão montadas com ou sem cobertores e se haverá ou não cobertores extras nas unidades habitacionais.

Roupa de mesa: o sistema para definição do estoque mínimo está ligado ao horário de funcionamento do ponto-de-venda e ao número médio de *couverts*.

Uniformes

O mercado oferece várias opções de tecido e cor. Em relação aos modelos, as possibilidades são muitas. Existem, inclusive, empresas que trabalham no desenvolvimento de uniformes para as diversas funções.

Alguns modelos são tradicionais, assim, não se pode inová-los muito, mas, há várias funções, nas quais tudo é possível, ou melhor, quase tudo. Não se pode esquecer que o uniforme é uma roupa de trabalho, precisa ser elegante, ter bom caimento, mas, acima de tudo, ser confortável; e o conforto está ligado ao modelo, que deve ser prático e não prender os movimentos. O tecido também deve ser escolhido criteriosamente.

Ao definir os uniformes, é preciso lembrar que os funcionários não podem ser contratados apenas em função do porte físico e idade; portanto, os uniformes devem vestir bem em qualquer manequim. Essa é uma dica importante, já que há o hábito de se visualizar sempre o uniforme em um modelo profissional, e a vida nem sempre imita a arte.

Quanto à quantidade de uniformes, pode-se calcular, para peças brancas, três unidades por funcionário e, para peças coloridas, duas unidades por funcionário, no mínimo. Um volume maior que o previsto deve ser adquirido, para atender à grade de numeração.

Produtos de Limpeza

Na escolha dos produtos de limpeza, o preço não pode ser o fator decisivo. Vários outros pontos devem ser avaliados para uma escolha acertada.

A procedência do produto é importantíssima e determinará sua qualidade e eficiência. Eles devem pertencer a uma linha institucional e estar acompanhados sempre de ficha técnica. A idoneidade dos fabricantes também deve ser verificada. Dessa forma, existirá a certeza de que os produtos escolhidos, comprados e utilizados terão realmente o efeito desejado e farão uma perfeita limpeza e higienização das áreas, mantendo os ambientes limpos e assim protegendo não só a saúde dos usuários e funcionários, como também o patrimônio da empresa, que não será agredido e deteriorado.

Os produtos de boa procedência, formulados para uso doméstico e encontrados a venda em supermercados não são indicados para a limpeza do hotel. É preciso buscar fabricantes e fornecedores de produtos de linha institucional.

A utilização de um número de produtos reduzido facilita o trabalho da equipe e reduz a chance de erro por uso indevido. É importante observar as instruções, quanto à diluição correta dos produtos, para que não haja desperdício ou a sua descaracterização. Essa tarefa deve sempre ser executada pela chefia ou sob sua supervisão. Alguns fabricantes já fornecem dosadores que permitem que a diluição seja feita de forma correta, rápida e segura.

O custo de um produto da linha institucional pode, a princípio, trazer alguma dúvida se comparado com os da linha doméstica, mas certamente representarão grande economia no decorrer do processo. A avaliação deve ser feita considerando-se o custo inicial e o custo final de cada produto, já que eles costumam ser concentrados e o custo do litro já diluído é bem inferior.

Outro ponto importante a ser observado é em relação aos produtos com odores marcantes que podem incomodar alguns usuários, pois as pessoas reagem de modo diferente aos odores.

Em algumas situações, um produto com cheiro forte pode apenas estar mascarando as sujeiras existentes no ambiente. Um ambiente realmente limpo não deve apresentar odor algum. Nos hotéis, é aconselhável que esse ponto seja observado e levado em consideração. Todos os ambientes devem ser limpos e desinfetados porém, não há uma obrigatoriedade quanto à desinfecção, exceção feita aos banheiros das Unidades Habitacionais e de uso comum, os vestiários, saunas e cozinhas, que, no caso, é aconselhável a utilização de um neutralizador de odores.

Ferramentas

No passado, vassouras, rodos, baldes e panos de chão eram as únicas ferramentas disponíveis para a realização da limpeza. Hoje a situação é muito diferente, pois existem materiais desenvolvidos para agilizar e facilitar os processos de limpeza e conservação.

A utilização desses materiais traz muitos benefícios. A utilização do mop pó, por exemplo, um equipamento que remove partículas finas sem deixar rastro e sem levantar poeira e dobra a produtividade se for comparado com a utilização da vassoura de pêlo. O mop age pela quebra do campo de estática criado sobre o solo trazendo para si a atração das partículas.

O uso do mop água ou mop úmido, substitui o pano e é utilizado para distribuição do líquido de forma mais uniforme e coleta mais eficiente, principalmente nos rejuntes. Proporciona produtividade sem contato direto do limpador com a sujeira, melhorando as condições de trabalho do operador, evitando que o funcionário se contamine. O balde, com espremedor tipo prensa, substitui balde, rodo e pano, tornando o trabalho mais higiênico, mais prático e produtivo. O balde apresenta-se sobre rodas que facilitam o deslocamento e o manuseio. O espremedor tipo prensa com cabo, permite a prensagem do mop água sem dificuldade e sem o contato do operador com a sujeira. Há outras ferramentas e acessórios, como carrinhos funcionais para transporte de materiais e coleta de lixo, cestos funcionais, vassouras e coletores de lixo para interiores, placas sinalizadoras, escovas para limpeza de tubos e ventiladores, rodos e demais acessórios para limpeza de vidros, suportes limpa tudo para fixação das fibras de limpeza etc. Essas ferramentas aumentam a produtividade e deixam o trabalho mais seguro, merecendo, portanto, uma atenção especial.

Equipamentos

A escolha de equipamentos — como enceradeiras, aspiradores, varredeiras, lavadoras de piso, lavadoras de carpete, máquinas de alta pressão etc. — também deve ser criteriosa, principalmente por se tratar de investimentos relativamente altos, mas necessários. É preciso pesquisar e avaliar o que o mercado oferece, não devendo a escolha recair unicamente sobre o preço. É importante também ficar atento para que não sejam adquiridos equipamentos fabricados para uso doméstico.

Existem máquinas modernas que aumentam a produtividade no trabalho de limpeza e melhoram a qualidade final, mas, para que se tornem eficientes, é preciso, além da escolha correta, que haja uma manutenção preventiva e que os operadores estejam capacitados.

Rotinas

Considera-se rotina as tarefas realizadas diariamente para limpeza e conservação das diversas áreas do hotel. Nas unidades habitacionais, existem dois tipos delas: a limpeza realizada durante a arrumação, quando os hóspedes permanecem no hotel, e aquela limpeza mais detalhada e de maior abrangência, feita após a saída do hóspede do hotel.

Limpezas Periódicas

Por serem limpezas complementares e mais profundas devem ser planejadas em função das características específicas de cada hotel. Os períodos devem ser avaliados e definidos de acordo com as particularidades de cada empreendimento.

Limpezas semanais — são limpezas complementares, devendo ser controladas e acompanhadas pela chefia.

Limpezas mensais/trimestrais/semestrais e anuais — são limpezas mais profundas. Deve haver um calendário e um mapa de controle para facilitar sua realização e acompanhamento.

Algumas das limpezas que devem ser executadas periodicamente são: lavagem de estofados, tapetes, carpetes, cortinas, protetores e cobre-leitos, limpeza de grelhas de ar, ralos, sifões, lustres e luminárias, limpeza dos vidros externos, zenitais, impermeabilização de pisos e também a troca da face dos colchões para conservá-lo melhor.

Controles

No departamento de Governança, existem controles fundamentais. Mesmo os hotéis de pequeno porte devem se preocupar em acompanhar e documentar o consumo dos diversos itens.

É preciso ter ciência do orçamento mensal do departamento e trabalhar dentro desses limites, sem que faltem os materiais essenciais para a realização das tarefas. Além dos controles relacionados a custos, há os operacionais que possibilitam o monitoramento das atividades do departamento.

Folha de Serviço da Camareira

Com este documento, pode-se informar as camareiras sobre o serviço a ser executado. Ela receberá no início do turno a Folha correspondente ao andar onde irá trabalhar, contendo as informações sobre a situação dos apartamentos (se estão ocupados, vagos, em manutenção e as saídas previstas). Essas informações são colocadas na Folha pela funcionária responsável pela Central de Governança. Nos hotéis de menor porte, a atividade de preencher as Folhas e distribuir os serviços é feita por uma supervisora de andares e, muitas vezes, pela própria governanta.

Durante a jornada de trabalho, a camareira efetuará anotações referentes a situação encontrada em cada apartamento, como: número de hóspedes, se ele dormiu fora, se não deve ser perturbado, se há pouca bagagem etc. Essas informações são fundamentais para a elaboração do relatório de Discrepância que veremos mais adiante.

Na Folha, também serão anotadas as solicitações especiais de hóspedes, como não colocar cobertor, não colocar cobre-leito, efetuar a arrumação após as 1110 horas etc.

Em hotéis com *Turn Down* ou segundo turno/abertura das camas, deverá ser utilizada a mesma Folha. Nesse caso, as camareiras do turno da manhã devem utilizar caneta de cor azul ou preta e as do turno da tarde, caneta de cor vermelha ou verde para diferenciar os registros e informações.

As Folhas de Serviço das Camareiras devem ser arquivadas por um período mínimo de 30 dias.

Folha de Serviço da Supervisora

É semelhante à Folha de Serviço das Camareiras. A sua utilização evita falha na liberação dos apartamentos e possibilita o controle da produtividade das supervisoras. Portanto, uma de suas tarefas básicas é revisar o trabalho de checagem que as camareiras fizeram em todos os apartamentos na saída (*check-out*) do hóspede e anotar tudo o que for referente à vistoria, colocando "OK" nas unidades que estiverem em condições de serem liberadas para a entrada de novos hóspedes. Quando houver algum problema, a coluna *observações* deverá ser utilizada, dessa forma, ficarão registradas as providências a serem tomadas sem a possibilidade de se esquecer da emissão de ordens de serviço para a manutenção ou orientação de serviços para as arrumadeiras.

Os apartamentos em manutenção devem ser vistoriados pelas supervisoras diariamente no início do turno e as arrumações não podem ser esquecidas, devendo ser checadas por amostragem.

Existindo supervisoras no turno da tarde, a mesma Folha deverá ser usada. As supervisoras da manhã devem utilizar caneta azul ou preta e as da tarde, vermelha ou verde. As Folhas precisam ser arquivadas por um período mínimo de 30 dias.

Discrepância

É o impresso utilizado para conferência e controle da ocupação dos apartamentos. Deve ser preenchido diariamente pela Governança, com base na Folha de Serviço das Camareiras, e enviado para a recepção que realizará a checagem comparando as informações contidas em seus registros. Havendo divergência, a recepção solicitará nova verificação do apartamento para confirmação ou não das informações. Se a divergência for confirmada, a recepção é que deverá tomar as providências para verificação e levantamento de dados com o hóspede etc.

Artigos Levados pelos Hóspedes

É função da camareira verificar diariamente todos os itens e objetos dos apartamentos, principalmente as roupas de banho, durante as arrumações e nas saídas (*check-outs*), já que as felpas são os itens mais cobiçados pelos hóspedes.

Confirmada a falta de alguma peça de roupa, a camareira deverá repor apenas a quantidade encontrada no apartamento nas arrumações. Esse tipo de ação faz com que os hóspedes, na maioria das vezes, desistam do *souvenir*. Mesmo não desistindo, já haverá a anotação na Folha de Serviço da Camareira, o que facilitará o seu controle.

No caso das saídas (*check-outs*), o cuidado deve ser o mesmo. Constatada qualquer falta, ela deve ser anotada, independentemente do hóspede já ter ou não sido liberado no caixa e ter deixado o hotel.

Em qualquer dos casos, a camareira, ao confirmar a falta do objeto, preenche um impresso em duas vias, anotando: data, número do apartamento, quantidade e descrição do objeto levado, e o visto da arrumadeira.

Objetos levados pelo hóspede	Data ___/___/___
Apto	Hóspede
Quantidade:	Valor:
Objeto:	
	TOTAL
Camareira	Gerência

Com esse impresso, ela receberá da Rouparia Central a quantidade para completar seu estoque e o apartamento.

A Governança enviará as duas vias para a Gerência, que deverá assinar a segunda. Depois, ela deverá ser arquivada na Central de Governança. Esse impresso será utilizado para se dar baixa nos estoques, por ocasião dos inventários.

Para a Governança, não importa se o valor referente ao item levado pelo hóspede será ou não debitado em sua conta. O importante é registrar que o objeto foi levado e ter a via assinada pela Gerência. Caso algum item seja danificado pelo hóspede (manchado ou queimado), o mesmo impresso deverá ser preenchido, contendo a informação sobre o dano causado.

Artigos Extras nos Apartamentos

Todo andar deve ter o impresso Artigos Extras nos Apartamentos afixado na rouparia do andar ou na prancheta da camareira, para ser utilizado sempre que um hóspede solicitar roupas extras no apartamento, como é comum acontecer.

Dessa forma, será fácil controlá-las durante as arrumações e saídas, evitando-se que se percam ou extraviem. Esse impresso também auxilia a contagem de peças durante a realização dos inventários. Quando a(s) peça(s) for(em) devolvida(s), deve ser dada a baixa na coluna correspondente. Depois que ele for totalmente preenchido e todas as devoluções, efetuadas, não haverá a necessidade de mantê-lo arquivado.

Controle de Artigos Extras nos Apartamentos									
Entrega					Retirada				
Apto.	Data	Qtde.	Artigo	Visto	Data	Qtde.	Visto	Obs.	

Solicitação de Serviço de Manutenção

Este documento registra as solicitações de consertos e reparos necessários nas dependências do hotel. Não é aconselhável que as solicitações sejam feitas verbalmente, evitando-se assim erros, confusões e esquecimentos. As solicitações verbais restringem-se apenas aos casos de emergência. No hotel, deve existir um impresso para o registro das solicitações. Ele normalmente é utilizado por todos os departamentos, principalmente pela Governança, que mais emite ordens de serviço, já que seus funcionários entram diariamente em todas as Unidades Habitacionais, além de circularem e atuarem em todas as dependências do hotel, com exceção das cozinhas.

Os funcionários da Governança devem ser orientados a verificar as condições das áreas, informando qualquer anormalidade à Governança, mote da Solicitação de Serviço da Manutenção, que deverá ser feita em duas vias. Elas serão enviadas para a Manutenção, onde um funcionário responsável pelo setor assinará a segunda, que ficará arquivada na Governança, para controle da execução dos serviços e, no caso dos apartamentos, coordene a limpeza após a sua execução e liberação. A solicitação pode ser substituída por *e-mail* interno.

Para uso da Governança, os impressos devem conter data, local do reparo a ser executado, descrição do problema e visto do emitente. As demais informações são importantes para o controle da Manutenção.

Rol de Roupas

A utilização do sistema de listas para o controle de circulação das roupas de cama, banho e mesa também é importante. Tanto os andares quanto os pontos-de-venda (bares e restaurantes) devem ter estoques fixos de roupas, e as camareiras e garçons devem ser responsáveis por esses estoques, preenchendo diariamente o rol correspondente, anotando nele a quantidade de roupa suja do setor e o enviando à Rouparia Central com as peças. Dessa forma, haverá a conferência e a devolução do mesmo número de peças limpas para reposição do estoque.

Inventários

A realização de inventários também é responsabilidade da Governança e faz parte dos controles básicos do setor. É aconselhável que eles sejam realizados trimestralmente. No caso de roupas locadas, a realização pode ser mensal.

Procedimentos

Há alguns procedimentos a serem observados quando os funcionários, de forma correta, auxiliam e contribuem para o aumento do desempenho do departamento e da equipe, dando maior segurança ao hóspede e melhorando a eficiência e qualidade do atendimento.

Objetos Esquecidos pelos Hóspedes

Todos os hotéis, independentemente do seu nível e tamanho, devem se preocupar em normatizar os procedimentos a serem seguidos pelos funcionários dos vários departamentos em relação a objetos esquecidos por hóspedes e clientes. Assim, quando houver procura, o atendimento será rápido e eficiente.

Quando um hóspede partir, a camareira deve verificar se não há objetos esquecidos dentro dos armários e gavetas, sobre ou embaixo dos móveis, atrás das cortinas, no meio dos estofados ou das roupas de cama e banho.

A Governança deve centralizar o recebimento de objetos encontrados nas dependências do hotel, em apartamentos ou áreas comuns, como restaurantes, eventos, *lobby*, banheiros e demais locais. Em alguns hotéis, essa função pode ser responsabilidade do departamento de segurança. Esses objetos devem ser entregues na Governança, acompanhados da data e local em que foram encontrados, possibilitando, dessa forma, o seu registro.

O campo *observações* deverá ser utilizado caso o hóspede solicite, por telefone, que o objeto seja enviado/despachado para o endereço fornecido por ele. Nesse caso, o objeto deve ser entregue à Recepção para providências, e o recepcionista deverá assinar e datar o livro.

Data	Nº do registro	Local	Nome	Objeto	Retirada	Obs.
10/08	1036	Apto. 401	Frederico Sá	01 camisa branca social marca "X"		
11/08	1037	Salão azul		01 guarda-chuva fem., bordô		

A funcionária responsável pela Governança — ou, em hotéis menores, a própria governanta — deve acondicionar diariamente o(s) objeto(s) encontrado(s) em saco plástico e lacrar com etiqueta adesiva contendo as informações pertinentes.

Os objetos devem ser guardados em local seguro onde só a governanta tenha acesso. Esse local poderá ser um armário ou um pequeno depósito, mas o importante é que ele permaneça trancado para evitar a entrada de pessoas não autorizadas e o desaparecimento de objetos, o que provocaria situações constrangedoras na hora de sua retirada.

É aconselhável que fiquem guardados por três ou seis meses. Passado esse prazo, devem ser doados a instituições de caridade ou a funcionários do hotel.

Tanto o prazo para a guarda dos objetos quanto o seu destino devem ser definidos pela Gerência, e a definição normatizada.

Observação: não é aconselhável que o hotel entre em contato com o hóspede ou envie correspondência informando-o sobre os objetos por ele esquecidos. Isso poderá comprometê-lo perante a família ou a empresa em que trabalhe. Exceções existem e devem ser avaliadas.

Livro de Ocorrências (*Log Book*)

Ele é de vital importância por ser o veículo de comunicação entre os turnos de trabalho, no qual serão registradas todas as solicitações de hóspedes; reclamações; ocorrências envolvendo hóspedes, funcionários e outros departamentos; providências, relativas a arrumação de salões, a serem tomadas; chegada de grupos e tudo que mereça atenção especial.

Os registros devem ser feitos de forma clara e objetiva, e conter sempre data e assinatura.

Preferencialmente, ele deve ser utilizado apenas pela governanta, assistente, supervisoras, encarregados e líderes.

Chave Mestra

Para garantir e reforçar a segurança, a Central de Governança deve registrar diariamente a entrega e recebimento das chaves mestras/cartões para as camareiras, colhendo as suas assinaturas.

As chaves devem invariavelmente estar presas a cordões/correntes longas para, quando estiverem em poder das camareiras, ficarem presas ao uniforme, evitando que sejam esquecidas nas portas, sobre os móveis dos apartamentos ou deixadas no carrinho.

Apartamento com Sinal ou Placa "Não Perturbe"

Os apartamentos nesta condição devem receber atenção especial da Governança para segurança do hotel e do próprio hóspede. Caso algum apartamento permaneça com a placa "Não Perturbe" até as 14 horas, a camareira responsável pelo andar deve informar o fato à governanta ou funcionária responsável pelo setor para que tome as providências necessárias, de acordo com os procedimentos normatizados pelo hotel. É fundamental que todo apartamento seja aberto ou verificado, ao menos uma vez, a cada 24 horas.

Conclusão

O bom profissional deve estar atualizado e aberto a novas perspectivas e possibilidades. A cada dia, surgem novas opções e soluções em todos os segmentos. Na área de Governança, não é diferente. É preciso buscar as alternativas que o mercado oferece. Os conhecimentos que o universo doméstico oferece não devem ser levados para a Governança, pois os conceitos são diferentes e muitos paradigmas devem ser derrubados para a realização de um trabalho com qualidade e eficiência.

11

Influências da Liderança no Treinamento e na Aprendizagem Acadêmica

Hamilton D'Angelo

Resumo

Este capítulo, sem esgotar o assunto, discute o treinamento *versus* atividades acadêmicas, sob a ótica de alguns estilos gerenciais, tendo como alternativa de sustentação a teoria 3D de William Reddin, com a contribuição de outros pesquisadores que auxiliam nossas reflexões em torno desse importante problema da realidade.

Também reflete um pouco mais sobre a proposta de outros estudiosos que tentam inserir, nas atividades do administrador, a postura educacional como mais uma competência exigida para gerenciar, com sucesso, os negócios e os colaboradores no interior das organizações.

Dando-se início às reflexões sobre a realização do treinamento, no que tange ao ensino na empresa, e as atividades acadêmicas é preciso, primeiro, verificar que a situação do ensino superior e a do ensino na empresa obviamente são diversificadas, além de visarem objetivos diferentes. É necessário assim estabelecer essa diferença, especialmente no que concerne a identificar e a discutir a política de cada empresa. Na empresa, os aspectos são tratados de modo diferente, a começar pelo simples fato de que, na faculdade (as não-oficiais), o aluno paga para aprender e, na maioria das vezes, sai insatisfeito.

Na empresa, o profissional mantém relações de trabalho e, por mais que suas potencialidades sejam inovadoras, nem sempre há liberdade para manifestar idéias individuais, porque o trabalho deve ser coletivo e tudo depende da hierarquia, do modo como flui a comunicação, e dos estilos gerenciais.

Num primeiro momento, pretendia-se tratar das organizações de um modo geral, no entanto, em virtude da enorme variedade de organizações existentes, preferiu-se utilizar o termo "empresa" para limitar um pouco mais este trabalho.

Estudos realizados nessa área são de interesse e de importância para o administrador, por serem:

a) Contemporâneos, pois a crescente complexidade da tecnologia e da própria sociedade tem exigido transformações freqüentes nas atividades administrativas, de modo especial quanto aos aspectos comportamentais dos grupos de pessoas.

b) Esclarecedores, uma vez que os gestores envolvidos em problemas administrativos têm dificuldade de perceber que, em grande parte das vezes, eles decorrem de aspectos sociais.

c) Operacionais e exemplificativos, porque os administradores podem deles extrair alternativas para atuar sobre os muitos problemas que ocorrem em suas empresas, tendo por base as prescrições propostas para solucioná-los ou, ao menos, evitá-los.

Outro termo que pode ser utilizado, além de empresa, é "associações econômicas", significando a mesma coisa. Como a abordagem deste artigo não pretende ser sociológica, deu-se preferência para o termo empresa, o que não impede de se falar em Organização.

Como se pretende visualizar o papel e a postura educacional do gerente executivo no contexto atual e aí se englobar a questão de ensino na empresa, torna-se necessário definir quem é o executivo e quais suas funções, seu modo de ser e sua correlação com a administração.

Antes de se falar no executivo, é preciso fazer uma abordagem sobre a eficácia gerencial, a fim de situar o papel do executivo quanto aos estilos gerenciais.

Tomando-se por base o modelo conceptual proposto por Reddin na Teoria 3D, verifica-se que é solicitado, ao administrador, ser eficaz em uma variedade de situações e a sua eficácia pode ser medida conforme ele seja capaz de transformar seu estilo, de maneira apropriada, em situações de mudanças. A eficácia administrativa também pode ser comparada e nivelada à medida que o administrador alcança os resultados. Então, ela deve ser avaliada pelo que o administrador alcança por meio de seu conhecimento, suas habilidades e competências, e não pelo que ele realmente faz. Isto é, a correta gestão da situação.

Assim, a eficácia gerencial deve ser avaliada em termos de produto (resultado) e não de insumo, ou seja, mais pelo que o administrador alcança do que seu desempenho no que realmente faz. Portanto, sua eficácia implica resultado e não insumo. Isso demonstra que a eficácia administrativa não é um aspecto de personalidade do administrador, mas é função da correta manipulação da situação. Não estaria implícita, nesse processo, a postura educacional do administrador?

Resumidamente já se pode ter um comparativo.

Gerente Eficiente	Gerente Eficaz
Faz coisas de modo certo.	Faz as coisas corretas.
Soluciona problemas.	Gera alternativas criativas.
Cuida dos recursos.	Otimiza a utilização dos recursos.
Cumpre seu dever.	Obtém resultados.
Reduz custos.	Aumenta lucros.

Estilos Gerenciais

O núcleo da eficácia gerencial ou da Teoria 3D de Reddin está na afirmação de que o comportamento gerencial é constituído por dois elementos básicos:

1. A tarefa a realizar.
2. As relações com outras pessoas.

Os gestores, no transcurso das suas atividades, podem enfatizar um ou outro elemento básico. Há alguns orientados para a tarefa (OT) e outros orientados para as relações (OR).

Na essência dos elementos básicos, estão subjacentes quatro estilos que servem como ponto de referência, uma vez que nem sempre o comportamento gerencial se ajusta rigorosamente a eles. Os quatro estilos básicos são: relacionado, dedicado, separado e integrado. E podem ser assim sintetizados.

a) Relacionado: caracteriza-se pela exclusiva orientação para as relações.
b) Dedicado: utiliza-se da exclusiva orientação para a tarefa.
c) Separado: direciona-se por deficiente orientação tanto para as relações como para a tarefa.
d) Integrado: toma decisões calcadas na orientação integrada tanto para as relações como para a tarefa.

Esses estilos básicos podem ter um equivalente mais ou menos efetivo, dando lugar a oito estilos gerenciais, que constituem uma utilização, respectivamente, mais ou menos eficaz. Pode-se então ter, segundo Reddin:

ESTILOS GERENCIAIS *(menos eficazes)*
- De transição (transigente).
- Autocrata.
- Missionário.
- Desertor.

ESTILOS GERENCIAIS *(mais eficazes)*
- Executivo.
- Autocrata benevolente.
- Promotor.
- Burocrata.

Qual seria, então, a maior problemática, no que diz respeito ao ensino, da empresa?

É possível identificar, por meio da vasta bibliografia existente, que as empresas que se preocupam com seu desenvolvimento integral estão cada vez mais concentradas em ter administradores eficazes e não meramente eficientes.

Quando as empresas visam alcançar resultados no campo do desenvolvimento do seu capital intelectual e se voltar para o "ensino–aprendizagem", deve existir, nesse contexto, uma preocupação em sistematizar o conhecimento. Ainda é fundamental que as empresas se ocupem dos objetivos adequados à sua cultura, sem desprezar outros atributos que ajudem a desenvolver o ser humano.

Seria possível substituir o termo "ensino" por "treinamento" ou por "desenvolvimento" dentro da empresa?

É o que se pretende verificar, mas, para isso, torna-se necessário caracterizar o que é treinamento e o que é desenvolvimento de Recursos Humanos na empresa.

O treinamento vem sendo utilizado como a preparação das pessoas para o desempenho de seus atuais cargos. O desenvolvimento visa preparar os empregados para futuros cargos. Tanto o treinamento quanto o desenvolvimento procuram ensinar, aos empregados, as habilidades, conhecimentos e atitudes necessárias para melhor desempenho de suas funções.

Se treinamento e desenvolvimento ensinam os empregados, preferiu-se ficar com o termo "ensino" na empresa, uma vez que este ainda não pressupõe uma aprendizagem efetiva nem engloba a educação como um todo. Isso já deixa claro que não é objetivo da empresa educar seus funcionários.

Cabe, aqui, levantar um problema: se o próprio ensino superior não tem conseguido "educar" as pessoas e proporcionar o seu desenvolvimento integral, como almejar que a empresa o faça, quando seus objetivos são diferentes dos objetivos da educação universitária?

Isso, de imediato, torna nítidas as diferenças de atuação entre instituição de ensino universitário e ensino na empresa, mas, ainda assim, ao longo deste capítulo, o assunto será melhor explicado.

Como se está trabalhando com problemas do ensino formal e o ensino na empresa, bem como com aspectos ligados aos estilos de liderança, é conveniente abordar esses assuntos de modo comparativo: quando ocorrem na sala de aula e no interior das empresas.

Comparação entre o Professor Eficiente e o Professor Eficaz

1º. De um lado, o professor eficiente, ou que se julga eficiente, domina o saber e cumpre seu dever de apenas ensinar, considerando que realizou suas atividades de maneira certa. É similar, na sua atitude, ao gerente eficiente. Por outro lado, o professor eficaz é aquele que faz as coisas consideradas certas, porque não somente se preocupa em ensinar seus alunos, mas sua preocupação central reside em que a aprendizagem realmente se efetive e a educação se processe de modo global.

2º. O professor eficiente resolve problemas, é absoluto, ou seja, é sempre o dono da verdade, apropria-se de suas doutrinas, é dogmático e não permite sugestões dos alunos no que tange a descobrir alternativas viáveis para qualquer tipo de problema. Já o professor eficaz, por não ser doutrinário, tem a humildade de saber que, quanto mais ele sabe, mais ele tem que aprender e, por isso, não resolve os problemas por meio de posicionamentos imediatistas, mas por pensar também no futuro, produzindo alternativas criativas e, na maioria das vezes, auxiliado por seus alunos, porque ele trabalha em conjunto. O que dizer da atuação eficiente do gerente dogmático e absoluto em contraste ao posicionamento criativo e inovador do eficaz?

3º. O professor eficiente cuida dos recursos, apropriando-se deles e utilizando-os de modo exagerado, fazendo com que o aspecto pedagógico perca sua especificidade, uma vez que dá ênfase muito grande ao pólo formal (uso abusivo de recursos audiovisuais, de técnicas de ensino etc.). Já o professor eficaz procura otimizar a utilização de recursos, ou seja, não cansar o aluno com o uso abusivo dos instrumentos, mas inseri-los no momento adequado, além de se preocupar também com o pólo material (uso de um conteúdo congruente) que possibilite a politização de seus alunos sem abandonar o pedagógico. Nesses aspectos, o gerente eficiente procura administrar cuidando da tecnologia, mas única e exclusivamente no sentido de cumprimento do dever e de redução de custos. Porém, o eficaz demonstra sua criatividade otimizando e aprimorando o uso de recursos, sem deixar de incentivar a participação de seus colaboradores.

4º. O professor eficiente cumpre seu dever, dá suas aulas, sem real preocupação com a aprendizagem, pois só se concentra no ensino e avalia seus alunos pelo conteúdo lecionado, sem se preocupar em incentivá-los à pesquisa, sem lhes dar oportunidade de diálogo, avaliando-os, muitas vezes, por meio de uma prova ou até chamada oral. O professor eficaz obtém resultado, pois se preocupa com a relação ensino–aprendizagem, ele fornece as informações necessárias e possibilita aos seus alunos a oportunidade de "pensar" e sugerir propostas que possam enriquecer o conteúdo do curso, auxiliando, dessa forma, o próprio professor na tomada de decisões, visando um objetivo ou vários. A avaliação é contínua, pois ele não estabelece distância com relação ao aluno, mas promove o diálogo constante, a participação plena e a discussão dos temas de interesse de todos numa verdadeira interação. Nesses casos, a atuação do gerente, no interior das organizações, procura ser eficiente centralizando o poder, como fazia Taylor, que exigia dos subordinados o cumprimento das metas sem muito diálogo. Já o eficaz é democrático, mais orientador, promove o compartilhamento das decisões e o compromisso com as metas, obtendo os resultados com seus parceiros.

Vamos tentar, agora, refletir sobre essas situações, pensando no papel do executivo?

É preciso deixar claro, em primeiro lugar, que, quando se opta pelo termo "executivo", é em virtude de se encontrarem, nesse tipo de gerente, os parâmetros que possibilitam um ensino na empresa cujo objetivo seja a efetivação real da aprendizagem. Portanto, o gerente integrado é o executivo, segundo concepção de Reddin.

É preciso também analisar essas situações para mostrar o que os indicadores propõem, a fim de demonstrar a relação do executivo com o ensino na empresa. Com isso, não se quer menosprezar o valor dos outros tipos básicos de gerentes, conforme anteriormente apresentado, mas evidenciar que compete ao executivo a "promoção" do que, por ora, denomina-se ensino na empresa.

Assim, o gerente integrado — que é o executivo de maior eficácia — possui os seguintes indicadores:

Gerente integrado — indicadores deste estilo:

- ❏ Conquista autoridade nos alvos, ideais, metas e políticas.
- ❏ Integra o indivíduo com a organização.
- ❏ Deseja maior participação, com pouca hierarquização de poder.
- ❏ Induz o compromisso com os objetivos.
- ❏ Interessado pelas técnicas motivacionais.

O gerente integrado utiliza sempre tanto a Orientação para a Tarefa como a Orientação para as Relações para produzir eficácia. Ele estrutura as atividades de forma que exista uma abordagem altamente cooperativa, a fim de atingir as metas da organização. Desenvolve habilidades no campo que está essencialmente relacionado às técnicas da motivação individual.

O gerente integrado preocupa-se com o fato de que seus subordinados compreendam por que devam fazer algo. Ele promove a integração das necessidades do indivíduo com a organização. A utilização generalizada desse estilo baseia-se em um ponto de vista idealista de todas as situações e pessoas, em todas as organizações.

Esse estilo se reflete no comportamento do gerente, que vê sua função em termos de maximizar eficazmente o esforço dos demais, tanto nas tarefas em curto como em longo prazo. Propõe padrões elevados de desempenho, embora reconheça que, devido às diferenças individuais, terá que dar tratamento diferenciado a cada um. É eficaz no sentido de que seu compromisso, tanto pela Tarefa quanto pelas Relações, é evidente para todos e atua como uma poderosa força motivadora.

O gerente executivo acolhe bem o desacordo e o conflito em problemas de trabalho. Considera que tal comportamento é indispensável, normal e adequado. Não suprime, nem nega ou evita conflito. Acredita que as diferenças individuais podem ser trabalhadas, que o conflito pode ser resolvido e que, quando se realizarem ambas as coisas, haverá dedicação e compromisso.

Não é simplesmente um construtor de moral, embora o moral de sua equipe seja alto. Sua forma de dirigir não é uma exploração, porém sua equipe trabalha muito. Não quer que os erros sejam encobertos por uma decisão de equipe, já que a equipe se sente intimamente conectada com os fracassos e com os êxitos.

O executivo conhece seu próprio trabalho e quer que os demais conheçam o seu. Cria o ambiente para que as exigências da tarefa não impeçam que o gerente perceba as exigências das pessoas.

É possível, desse modo, observar os principais indicadores do estilo executivo e já se torna possível notar o seu comprometimento tanto com a tarefa como com as pessoas. Assim, já se poderia dizer que ele se assemelha a um educador ou, ao menos, que é consciente de uma educação em prol das pessoas, tanto em termos individuais quanto grupais, bem como da inter-relação das pessoas com a organização.

Não se quer dar atributos negativos aos outros estilos gerenciais, mas apenas enfatizar que o estilo executivo é o mais promissor no que concerne aos aspectos educacionais dentro da empresa ou da organização, uma vez que o objetivo deste trabalho é evidenciar a importância da liderança do professor e do executivo no sentido primordial de angariar e alcançar resultados efetivos no que diz respeito à educação como um todo, quer na Universidade, quer na Empresa.

Muitos gerentes consideram-se integrados quando realmente não o são

Os que utilizam mal o estilo integrado usualmente têm sérias distorções da natureza da motivação humana ou simplesmente não compreendem o contrato psicológico entre superior e subordinado.

Alguns gerentes sustentam que o estilo integrado é uma confusão que não entendem e que não têm idéia de como usá-lo. Basta dizer que indagam como um gerente pode utilizar alta Orientação para a Tarefa e alta Orientação para o Relacionamento, concomitantemente. Nesse sentido, ele poderá se transformar num gerente de transição.

Característica do gerente de transição ou transigente; aspecto em que o gerente integrado é menos eficaz:

- ❏ Utiliza a participação em excesso.
- ❏ É submisso e fraco.
- ❏ Evita tomar decisões, ou seja, produz decisões amorfas.
- ❏ Enfatiza tarefa e relações de modo inadequado.
- ❏ Idealista e ambíguo, não é merecedor de confiança.

Geralmente ele se encontra em situações, ou num cargo, em que se necessita somente Orientação para a Tarefa ou Orientação para as Relações, e é incapaz ou não deseja integrar idéias e tomar decisões válidas. Seus recursos são a ambivalência e a transigência. Ele tenta minimizar os problemas em vez de maximizar a produção e as alternativas de solução em longo prazo.

O gerente transigente está convencido de que a produção ótima é um sonho, acredita que qualquer plano deve ser uma série de transigências e, desse modo, preocupa-se somente com o que vai funcionar.

O gerente transigente é propenso a pedir a seus subordinados que participem de uma decisão que apresente só uma solução válida. Se a única solução boa não surge, então se produz uma transação. Seria algum tipo de equilíbrio entre o que um ou mais subordinados necessitam e o que a organização necessita. Essa decisão amorfa, deficiente, é resultado direto do uso inadequado de uma abordagem integrada.

O gerente transigente, não desejando tomar uma decisão, tenta satisfazer várias alternativas ao mesmo tempo e torna-se ainda menos eficaz.

Como afirma Reddin, pode ser que um método favoreça essencialmente a organização e o complemento das tarefas, e o outro favoreça as pessoas e as relações. Qualquer um seria eficaz caso fosse usado isoladamente, e conduziria ao estilo autocrata benevolente ou promotor. O gerente transigente, contudo, tentará satisfazer ambas as soluções alternativas, em vez de uma ou outra.

Esse aspecto é importante, uma vez que é um dos problemas cruciais que a educação, de um modo geral, tem enfrentado. Com o treinamento, pode-se melhorar o desempenho e a visão do administrador.

Já no campo acadêmico, alguns professores fazem ecletismo, ou seja, misturam correntes e não chegam a lugar algum. Outros, por sua vez, tornam-se dogmáticos, aprisionam-se a determinado método ou corrente sociológica, psicológica ou filosófica, considerando-a exclusiva para a resolução dos problemas. Cabe mostrar aqui que um dos alertas que a fenomenologia existencial faz é justamente sobre as pessoas buscarem apenas o ponto de equilíbrio ou a univocidade entre coisas opostas. Nesse sentido, a fenomenologia demonstra muito bem como deve se processar a alternância dialética entre duas coisas e quando é preciso dar ênfase a um pólo ou a outro, dependendo das necessidades de uma determinada situação espaço-temporal, adequando a abordagem integrada.

Continuando com Reddin, ele considera que o gerente transigente evita o conflito, empregando a participação.

A fenomenologia existencial admite, aceita, compreende e busca alternativas para o conflito, sem evitá-lo; procura por meio do fenômeno, permitir que ele se mostre por si mesmo, com o objetivo de esclarecê-lo, ou seja, promove um discurso esclarecedor a respeito daquilo que se mostra por si mesmo, no caso específico, o conflito. Daí ela vai à coisa mesma, mostrando a necessidade do exercitar-se, na situação patente, dentro do próprio conflito até obter a resolução; e só utiliza a participação de modo adequado, atentando para as diferenças.

O gerente transigente produz um efeito devastador em um subordinado que prefere trabalhar segundo um plano claro. A abordagem vacilante do gerente conduz a uma fixação deficiente de objetivos por parte dos subordinados, porque estes não têm meios de prever o futuro dos acontecimentos em seu departamento.

Passemos ao exame do papel desenvolvido pelo professor — instrutor, ensinador e educador nas organizações, e suas possíveis influências.

Professor ou Instrutor?

A instrução é uma informação intelectual, mas representa apenas um aspecto específico do processo educacional.

É pura transmissão de conceitos, ou seja, os fundamentos são dados de forma geral. São meras informações, quer dizer, representa apenas a distribuição de conceitos informativos.

A instrução equivale a um adestramento e é somente uma habilitação, por exemplo, instruir um recruta. Significa também domesticação, no caso de adestrar animais irracionais.

Além disso, a instrução não deixa de ser também um esclarecimento ou uma ordem das pessoas encarregadas de algum tipo de empreendimento ou negociação.

Muitos especialistas não aceitam a mera instrução, uma vez que esta, mesmo embasada cientificamente por meio da Psicologia, preocupa-se muito com os aspectos de *input* (estímulo) e de *output* (resposta).

Assim, o professor que se assemelha a um instrutor não vai além das questões "estímulo–resposta", uma vez que só transmite uma informação intelectual. Todavia, é oportuno o esclarecimento de que a educação não se resume única e exclusivamente aos aspectos psicológicos, estímulo–resposta, mas se inspira em outras disciplinas científicas, como a sociologia, a economia educacional, a política educacional, nas suas mais diversas correntes e tendências, bem como a disciplina filosófica, em que se enquadra a Filosofia da Educação, apresentada nas suas mais variadas acepções e nos seus mais diversos significados.

Portanto, o instruir pode até fazer parte do processo educacional, mas, isoladamente, a instrução torna-se muito limitativa para a visão integral de homem. Daí, as críticas da atualidade sobre as escolas e sobre os professores que fazem do ensino uma simples instrução, porque não há vínculo entre sujeito–objeto, nem sujeito–sujeito.

No que tange ao intelecto, é evidente que ele precisa ser desenvolvido, e as potencialidades da inteligência e seu desenvolvimento devem ser consideradas no seu mais amplo aspecto. Todos esses aspectos precisam ser criteriosamente analisados para que, nas organizações, as atividades de treinamento não desemboquem numa armadilha, provocando resultados negativos ao trabalho.

Professor ou Ensinante?

O ensino é um meio extrínseco para a formação intelectual, pois possui métodos e técnicas, ou seja, o ensino é um modo de aprender por meio de métodos e técnicas. Existe uma relação entre o sujeito e o objeto.

Na concepção de Abreu e Masetto, ao decodificarem a palavra "ensinar", explicam que ela significa:

- instruir;
- fazer saber;
- comunicar conhecimentos ou habilidades;
- mostrar;
- guiar;
- orientar;
- dirigir.

O agente principal é responsável pelo ensino, e as atividades centralizam-se na sua pessoa, nas suas qualidades, nas suas habilidades.

Há abordagens diversas do processo de ensino. Existem aspectos voltados para o âmbito sociológico, outros para o campo histórico, outros para a área psicológica e alguns direcionados, com certa congruência, para uma abordagem filosófica mais profunda, visando a questão do ensino–aprendizagem, somada a fatores da vida humana como a dimensão mais completa para uma educação integral do homem.

Entretanto, alguns pesquisadores têm criticado de modo veladamente o sociologismo, o historicismo, o economicismo e o psicologismo, no sentido de que uma educação voltada somente para um desses aspectos, quaisquer que sejam, acaba criando unilateralidade. Se se considerar a educação sob um aspecto mais amplo, esta necessita do auxílio de quase todas as ciências, pois são vários os fatores que nela interferem, e ao se levarem em conta diversas perspectivas, empreendendo-se abordagens várias, corre-se o risco de uma dispersão que se pode traduzir como enciclopedismo vacilante.

A educação não pode se desprender das disciplinas especializadas ou de ciências essenciais para atender os complexos fatores que intervêm no especificadamente pedagógico e de se tentar elaborar uma teoria pedagógica ou uma sólida fundamentação teórica.

É preciso, no entanto, a conquista da real interdisciplinaridade na educação e promover um discurso científico e filosófico congruente com a prática, por mais complexa que ela seja.

A educação tem sido vítima de múltiplas interpretações, e os que desejam tornar o pedagógico mais prático e mais utilizável sempre correm o risco de inseri-la e reduzi-la segundo algumas teorias psicológicas, e estas passam a dominar totalmente o contexto pedagógico. A verdade é que não se faz educação isoladamente. Há tanto a necessidade de especialistas nas múltiplas disciplinas científicas que compõem a educação, quanto uma inter-relação constante, em busca do que é essencial no âmbito pedagógico.

Dessa maneira, surgem várias contribuições à educação, como a dos entusiastas da tecnologia da educação, que se apóiam principalmente na psicologia behaviorista de Skinner, a qual dá ênfase ao conceito de "reforço das respostas". Nesse caso, os processos de ensino–aprendizagem não vão além da teoria psicológica.

Mas Então o Que Significa Aprender?

Cabe ao aluno a busca de informações, a revisão da própria experiência, adquirir habilidade, adaptar-se às mudanças e descobrir significado nos seres, fatos e acontecimentos.

Dessa forma, o aluno modificará atitudes e comportamentos, uma vez que ele é o agente principal e responsável pela sua aprendizagem.

As atividades devem estar centradas em suas capacidades, suas possibilidades, suas oportunidades e nas condições para que ele aprenda. Assim, ensino e aprendizagem devem ser indissociáveis.

Não se trata, como certas tendências, em tentar unificá-los, ou criar uma univocidade entre ambos, mas sim de dar, no momento certo, maior ênfase ao pólo aprendizagem, ou maior ênfase ao pólo ensino. A aprendizagem também é resultado de um bom ensino e isso clama pela presença do professor ou do treinador, não para meramente instruir, mas oferecer contribuições mais ricas para seus alunos, ou dos treinamentos na empresa, uma vez que o ensino–aprendizagem deve ser promovido na sala de aula ou no local do treinamento. O professor ou treinador deve orientar as atividades e tomar uma atitude diante do que acontece com sua classe. Isso quer dizer que o professor ou o treinador é responsável por si próprio, pelo que ensina e como ensina, não desprezando o princípio de que também deve conferir responsabilidade e maturidade aos seus alunos, ou aos seus treinandos, à medida que propicia oportunidades para que a aprendizagem se efetive.

Portanto, ele (professor ou treinador) não é um mero ensinador, ou seja, não é um mero transmissor de conhecimentos, mas deve trazer novas contribuições, atualizando-se constantemente e refletindo sobre as necessidades reais de seus alunos ou treinandos É fundamental colocar em prática a obtenção de resultados que não são somente seus, mas também de seus alunos ou treinandos, pelas próprias possibilidades que ele lhes confere, orientando-os em suas dificuldades.

Muitas vezes a deficiência do ensino reside na forma como os assuntos se apresentam. Porém, se o professor ou treinador tiver empenho e desempenho, oferecendo sua disciplina de modo enriquecedor, com real convicção naquilo que expõe, acreditando no seu trabalho e confiando na fidedignidade de seu pensamento, ele estará transmitindo toda sua segurança e abertura como pessoa e como educador. Assim, seus alunos ou treinandos nas empresas assumirão atitudes semelhantes e contribuirão com conhecimento, reflexão, experiência e habilidades, conferindo significado ao que fazem. Poderão, então, atingir um alto potencial, além de maturidade intelectual e pessoal, saindo mais confiantes, dos bancos universitários ou do treinamento, para enfrentar a vida profissional e o mundo do trabalho.

As empresas necessitam de que os funcionários sejam criteriosos e tenham condições de agir e reagir criativamente. Assim, torna-se indispensável refletir sobre essas considerações para que o ensino e/ou treinamento sejam eficazes e atinjam os resultados almejados, e que, acima de tudo, melhorem o desempenho dos funcionários e das organizações.

Professor ou Educador?

O professor como educador necessita:

1º. Não apenas dominar o conteúdo da sua disciplina, o que é importante, ou assegurar confiabilidade por meio daquilo que ele transmite, é necessário também que ele saiba transmitir. Não se trata de se tornar um monopolizador de todos os conhecimentos, porém saber refletir sobre o que conhece, propiciar a si próprio abertura para selecionar as teorias com espírito crítico, a fim de não se envolver em modismos e ideologias que possam comprometer a riqueza do seu trabalho.

2º. Ser comunicativo para permitir que se abram espaços para a efetiva aprendizagem, em que estão presentes o respeito mútuo, a cooperação, a criatividade e a análise profunda da conexão entre o que se cria, para que se cria e como se cria, tendo em vista uma necessidade concreta qualquer.

Quando o educador realiza uma atmosfera de descontração e consegue estabelecer um clima de vínculo entre seus alunos, ele possibilita o diálogo franco, pois induz seus alunos a pensar, estimulando-os para a identificação e a resolução de problemas plausíveis. Os problemas mais difíceis de serem solucionados devem também ter a participação dos alunos, pois cada um tentará oferecer propostas para que se encontrem pistas alternativas criativas. Não adianta resolver problemas imediatos sem pensar em termos futuros, daí a necessidade do projeto (que é o futuro) dentro do processo (que é o presente). Quando se fala em criar, presume-se um grande fundamento na disciplina de estudo em pauta, daí a necessidade de conhecer também o passado, o momento histórico, vinculando-o ao presente.

É nesse momento que o professor precisa ter condições de fazer com que seus alunos desenvolvam a habilidade de pensar, e ambos, aluno e professor, ou aluno–aluno, possam problematizar aspectos que a própria ciência ainda não resolveu e a própria filosofia está a buscar. É preciso enfatizar que, muitas vezes, problemas presentes se manifestam por desconhecimento de uma realidade passada, daí a importância histórica.

É fundamental também que o educador saiba ir além da simples empatia, ou seja, tentar colocar-se no lugar do aluno e conseguir ver as coisas como o seu aluno vê, transpor-se para o lugar do outro, adotando seu esquema de referência, que está interessado em compreender. Trata-se de imaginar com fundamento.

A imaginação disciplinada produz, tanto na ciência como nas artes, os melhores exemplos. Esse tipo de imaginação nunca inventa, nunca anda ao acaso, nunca entra em devaneio, mas se apropria de índices e limites estabelecidos. É o que se pode denominar de autotransposição imaginativa, pois exige que o investigador se imagine no lugar do outro e veja como o mundo se apresenta a partir dessa nova perspectiva.

A transposição simples levaria apenas a uma espécie de incompreensão grotesca, que se origina no ver o mundo dos outros através dos próprios olhos, resultando numa confusão limitada e de possíveis irreverências.

Transpor-se para o mundo do outro quer dizer, em outras palavras, sair de si mesmo e adotar imaginativamente o esquema de reflexão das outras pessoas.

A autotransposição imaginativa exige um estilo aguçado de ocupar o lugar do outro. Além disso é uma tarefa que compete à fenomenologia, pois não se trata de fantasia nem de fazer elucubrações sobre o outro.

O educador fenomenólogo pode fornecer as bases para um relacionamento possível entre o aluno e o professor? É possível o relacionamento de mútua confiança, de respeito e de participação, num empreendimento em conjunto de exploração e de compreensão?

A resposta é afirmativa, desde que se possa explorar todo o material fornecido por seus alunos, de um modo profundo e cuidadoso, por meio da abertura que o aluno dá, para alcançar a exploração cooperativa e, portanto, plenamente participativa. Não estaria aqui implícita, com as adaptações necessárias, a postura desejável do gerente que se volta para o desenvolvimento dos Recursos Humanos e das organizações? Agora, estamos diante de grandes desafios: 1º) Nas atividades das organizações, deve-se incluir a preocupação com a educação de seus funcionários? 2º) Os administradores precisam adotar uma postura educacional para gerenciarem as pessoas e os negócios das organizações? 3º) Para desenvolver seu capital humano, a empresa não precisa transformar-se numa organização que permanentemente aprende? Após essas considerações, é possível apresentar e discutir algumas características da liderança situacional, presente nas atividades acadêmicas e no interior das organizações.

Líder Autocrático e Estrutura Autocrática

No ambiente autocrático, o líder é designado por alguma autoridade para chefia do grupo, ele atua como dirigente e toma todas as decisões em nome do grupo. Determina os programas, não permitindo qualquer tipo de participação nas decisões.

O líder autocrático faz os planos mais importantes, uma vez que só ele conhece a seqüência nas atividades do grupo, dita as atividades dos membros e o padrão de inter-relações entre eles. É o encarregado, dependendo da situação, de premiar ou castigar os elementos do grupo. Esse tipo de líder, por não confiar nas decisões das pessoas no que tange à escolha de objetivos e superação das dificuldades, tende a produzir indivíduos imaturos, tornando o liderado inseguro.

Exemplo típico na educação é a chamada tendência liberal conservadora, predominante ainda em nossos dias nas escolas de 1º, 2º e 3º graus, cuja liderança é autocrática e a estrutura é paternalista.

O líder paternalista pensa por todos. Ele é muito amável, paternal, cordial ante as necessidades do seu feudo. Sente que deve tomar as decisões mais importantes em nome e para o bem do grupo. Esse tipo de liderança procura evitar as discórdias, produz uma ação de grupo feliz e efetiva.

Apresenta as seguintes características:

- ❏ É importante apenas o crescimento e o desenvolvimento dos líderes, pois somente eles têm a oportunidade de decidir, cometer erros e aprender com a própria experiência. É o tipo de tendência pedagógica liberal progressista que tanta influência teve na educação e hoje ainda predomina, principalmente em algumas escolas.

- ❏ O líder com estilo paternalista teme entregar seu cargo a outra pessoa, pois não tem segurança que o outro líder poderá conduzir seu grupo com dedicação, eficiência e proteção.
- ❏ É trabalhador, exclusivista e perfeccionista.
- ❏ Conta com a estima e o respeito do grupo e é sempre considerado o pai. Expressa opiniões de peso e palavras finais decisivas e importantes.

O *Laissez-Faire* ou Estrutura Permissiva

A estrutura permissiva, denominada também de *laissez-faire*, é produto de uma sociedade em mutação. No meio da insegurança de uma dinâmica, isto é, em evolução, acredita-se, não raro, que a melhor forma de dirigir é não dirigir, deixando que os indivíduos tenham completa liberdade, sem rota, sem controle ou ajuda.

Essa forma de trabalho ou discussão incontrolada pode provocar experiências insatisfatórias. Tendo-se em vista a natureza individualista da nossa cultura, os membros do grupo raramente desejam desenvolver habilidades de socialização, de tolerância com as diferenças individuais e de interesse em relação ao grupo, ou seja, habilidades que são indispensáveis para uma ação grupal.

Comparando esse estilo de liderança com as tendências pedagógicas predominantes na prática escolar, é semelhante à pedagógica liberal não progressiva ou não diretiva.

O Líder Democrático ou Liderança Participativa

Na liderança participativa, como o nome diz, o grupo participa ativamente e seus integrantes atuam em conjunto. É dada importância máxima a todos os membros. Ninguém é exclusivamente líder, pois a liderança está distribuída.

O grupo trabalha em consenso e obtém, dentro da área que pode atuar por participação, um elevado grau de relações interpessoais agradáveis para a resolução de problemas.

Alguns pesquisadores têm observado que os empregados podem opor-se à liderança democrática. Há também resistência para o exercício da participação na liderança por parte de alguns estudantes acostumados a depender passivamente do professor.

A liderança democrática pode, depois de algum tempo, ser preferida, mas as técnicas de comportamento democrático exigem um processo de aprendizagem e desenvolvimento em longo prazo.

Há pessoas que, quando estão numa situação ambígua e difícil, tendem favoravelmente a aceitar os padrões de liderança autoritária. Quando isso ocorrer, uma das funções do líder é libertar o indivíduo da responsabilidade e da tomada de decisões. É possível perceber também que, em ambientes de tensão, as pessoas se tornam mais dispostas a aceitar a liderança autoritária e indivíduos agressivos como líderes.

O Aluno Treinando e a Hierarquia Empresarial no Contexto das Lideranças

Entre os vários estudos do problema da liderança, seguem algumas sugestões:

Pode-se utilizar o método autocrático:

a) com a pessoa hostil, pois o método autocrático focaliza a agressividade desse tipo de pessoa, orientando suas energias para fins construtivos;

b) com a pessoa dependente, uma vez que esse tipo sente necessidade de pulso firme. Seu próprio senso de dependência lhe dá a sensação de insegurança. Uma orientação firme inspira-lhe confiança.

É viável usar o método democrático:

a) com a pessoa que colabora, embora o desejo de colaborar não seja um traço distinto de personalidade. Quando se encontra essa qualidade num subordinado, ele geralmente trabalha melhor, orientado pelo método democrático.

b) Com o indivíduo que se adapta aos grupos com facilidade. Esse estilo tem menos necessidade de direção, pois encara seu trabalho, essencialmente, como uma atividade de grupo.

É conveniente usar método livre:

a) com o individualista, pois este gosta de permanecer sozinho. Uma vez que conhece o seu trabalho, é geralmente mais produtivo quando está sob a liderança permissiva.
b) com o retraído da sociedade ou a pessoa que tem aversão a contatos pessoais, ele tende a trabalhar mais adequadamente quando está sozinho. A atmosfera permissiva contribui para a sua paz de espírito e para que seu esforço se torne mais eficiente e natural.

É preciso indagar até que ponto o professor ou instrutor deve se utilizar de um método ou de outro, em uma classe ou local de treinamento, pois as diferenças individuais são enormes, e ele (professor ou instrutor), como um elemento **integrado** que deve ser, precisa dedicar sua atenção às necessidades pessoais e coletivas e ao cumprimento de sua tarefa, que também é muito importante.

Já o aluno ou treinando precisará não somente de que as atitudes do líder sejam diferenciadas conforme a situação, mas também de que o líder considere as características próprias do aluno. Importante também é o exemplo pessoal do líder, na sociedade, com relação à disciplina e seu respeito pelo elemento humano que é o aluno ou treinando. Por essa razão, entre outras, é necessário se adaptar e se reconhecer nos outros para se conhecer cada vez melhor. Assim, por meio da troca de experiências, da profundidade nos conhecimentos e da integração do pensamento, o líder poderá contribuir para as renovações que a escola, a empresa e a sociedade almejam.

Quanto à hierarquia empresarial, está provado que o aproveitamento acadêmico não é um requisito indispensável para a liderança empresarial. Pode haver uma correlação positiva, entre ambas, mas não é suficientemente forte para fornecer a base para um sistema de desempenho.

Por outro lado, respeitando-se a cultura organizacional, o treinamento terá seu trabalho direcionado para um ou outro estilo, que mais atenda à eficácia do desenvolvimento gerencial.

Conclusão

Essas reflexões mostram como é importante o conhecimento dos focos e dos estilos de liderança no meio acadêmico e em outras organizações, para que se possa alicerçar o processo de decisão em varias situações.

Demonstra-se também a necessidade de haver um vínculo entre um e outro ambiente organizacional, ou seja, o ambiente acadêmico deve necessariamente alicerçar o trabalho na sustentação conceitual, mas é indispensável a conexão com a realidade prática.

Os vários estilos gerenciais foram abordados, analisados e comparados, quando necessário, na tentativa de confirmar ou de esclarecer os caminhos alternativos para se atingir a eficiência e a eficácia organizacional. Não se tratou, aqui, e não era o objetivo, de dar receita única e cair no radicalismo prejudicial ao projeto do ensino e da aprendizagem nas várias situações apresentadas.

Bibliografia

ABREU, M. C.; MASETTO, M.T. *O professor universitário em aula*. São Paulo: MG Ed. Associados, s.d.

BERNARDES, Cyro. *Teoria geral de administração*: gerenciando organizações. São Paulo: Saraiva, 2003.

CHIAVENATO, I. *Gestão de pessoas*: o novo papel dos recursos humanos nas organizações. Rio de Janeiro: Campus, 2002a.

_____. *Gerenciando pessoas*: como transformar gerentes em pessoas. São Paulo: Prentice Hall, 2002b.

D'ANGELO, H. *Introdução à gestão participativa*. São Paulo: STS, 1995.

GUERRIER, Yvonne. *Comportamento organizacional em hotéis e restaurantes*. São Paulo: Futura, 2000.

MINICUCCI, Agostinho. *Técnicas de dinâmica de grupo*. São Paulo: Atlas, 1982.

MUCHINSKY, Paul M. *Psicologia organizacional*. São Paulo: Pioneira Thomson Learning, 2004.

REDDIN, William J. *Eficácia gerencial*. São Paulo: Atlas, s/d.